Elizabeth von Arnim, geboren am 31. August 1866 in Sydney, ist am 9. Februar 1941 in Charleston/South Carolina gestorben.

Elizabeth Beauchamp, eine Kusine von Katherine Mansfield, heiratete vor der Jahrhundertwende in die preußische Familie von Arnim und verbrachte mit ihren Kindern einige Jahre auf dem pommerschen Gut Nassenheide, dem Utopia ihres wohl kaum fiktiven Tagebuchs, das 1898 erschien und zu einem veritablen Bestseller wurde.

Ihm folgten 21 weitere Romane, eine zweite Ehe (mit dem Bruder des englischen Philosophen Bertrand Russell) und eine Freundschaft mit H.G. Wells.

Das Tagebuch einer leidenschaftlichen Gärtnerin und die ironischen Beobachtungen einer Gutsfrau von Stande *allein* hätten wohl kaum einen solchen Erfolg zuwege gebracht, hätte nicht die Autorin ihrer Epoche unnachahmlich aus dem Herzen gesprochen. Die Hoffnungen des 20. Jahrhunderts: den Aufbruch aus gesellschaftlichen Rollen, die Entdeckung der freien Natur und die eigenen Wege für die Frau –, all das probiert die Autorin spielerisch, unbekümmert aus. Mit wahrhaft packender Naivität veranstaltet Elizabeth (so unterschrieb sie später ihre Romane) einen Kehraus der abgelebten Stimmungen und Einstellungen ihrer Zeit – ein literarischer Frühjahrsputz, der eine frische, lebendige Gestalt mit ihrem Idyll, dem geliebten Garten, ohne auch nur ein einziges Staubkorn in die Welt der Bücher entläßt.

Der verfilmte Roman »Verzauberter April« sowie ihre Romane »Elizabeth und ihr Garten«, »Elizabeth auf Rügen«, »Alle meine Hunde«, »Einsamer Sommer«, »Liebe«, »Die Reisegesellschaft«, »Jasminhof«, »Vater«, »Vera«, »Sallys Glück«, »April, May und June«, »Priscilla auf Reisen«, »Ein Chalet in den Bergen«, »Der Garten der Kindheit«, »In ein fernes Land« sowie »Christine« zählen in den gebundenen wie in den Taschenbuchausgaben zu den Bestsellern des Insel Verlags. Die Biographie »Elizabeth von Arnim« von Kirsten Jüngling und Brigitte Roßbeck zeigt die Erfolgsautorin, wie sie wirklich war (insel taschenbuch 1840).

insel taschenbuch 2206
Elizabeth von Arnim
Elizabeth und ihr Garten

Elizabeth von Arnim

Elizabeth und ihr Garten

Roman

Aus dem Englischen
von Adelheid Dormagen

Insel Verlag

insel taschenbuch 2206
Erste Auflage 1998

Hinweise zu dieser Ausgabe am Schluß des Bandes
Vertrieb durch den Suhrkamp Taschenbuch Verlag
Umschlag: Michael Hagemann
Satz: Fotosatz Otto Gutfreund, Darmstadt
Druck: Ebner Ulm
Printed in Germany

1 2 3 4 5 6 – 03 02 01 00 99 98

Elizabeth und ihr Garten

7. Mai. – Ich liebe meinen Garten. Hier schreibe ich gerade in der Lieblichkeit eines Spätnachmittags, immer wieder unterbrochen von den Mücken und der Versuchung, all die Pracht des jungen Grüns zu bestaunen, auf das vor einer halben Stunde ein kühler Regenschauer niedergegangen ist. Zwei Eulen sitzen in meiner Nähe und führen eine lange Unterhaltung, die ich genauso genieße, wie wenn Nachtigallen schlagen. Herr Eule sagt

und sie antwortet von ihrem Baum ein wenig weiter weg

in schöner Harmonie und Ergänzung dessen, was ihr Gebieter bemerkt hat, so wie es einer wohlgeratenen deutschen Frau Eule geziemt. Sie sagen mit solchem Nachdruck immer wieder dasselbe, daß ich vermute, es muß irgendeine Bosheit über mich sein; aber ich lasse mich durch Eulensarkasmus nicht vertreiben.

Das hier ist eher eine Wildnis als ein Garten. Seit fünfundzwanzig Jahren hat niemand in dem Haus gelebt, geschweige denn im Garten, und es ist doch solch ein bezauberndes Landgut, daß die Menschen, die hier hätten leben können und statt dessen bewußt die Schrecken einer Stadtwohnung vorgezogen haben, wohl jener Überzahl von augen- und ohrenlosen Wesen angehört haben müssen, aus denen die Welt offenbar hauptsächlich besteht. Nasenlos obendrein, obwohl das nicht nett klingt; *mein* Frühlingsglück jedenfalls verdanke ich größtenteils dem Geruch von nasser Erde und jungem Grün.

Ich bin immer glücklich (im Freien, versteht sich, denn drinnen sind die Dienstboten und die Möbel), aber auf ganz unterschiedliche Weise, und mein Frühlingsglück ähnelt nicht meinem Sommer- oder Herbstglück, ist auch nicht stärker; im letzten Winter gab es sogar Tage, wo ich trotz meines Alters und meiner Kinder vor lauter Freude im frostigen Garten tanzte. Natürlich hinter einem Busch, denn ich weiß, was sich gehört.

Es sind so viele Vogelkirschen um mich herum, große Bäume, ihre Äste streifen das Gras, und sie stehen eben jetzt im vollen Schmuck ihrer weißen Blüten und ihres zartesten Grüns, daß der Garten aussieht wie bei einer Hochzeitsfeier. Ich habe noch nie solche Unmengen von Vogelkirschen gesehen; sie scheinen überall zu sein. Selbst hinter dem Flüßchen, das im Osten an den Garten grenzt, und mitten im Kornfeld da drüben steht ein riesiger Baum, ein Bild der Anmut und Pracht gegen das kühle Blau des Frühlingshimmels.

Mein Garten ist umgeben von Getreidefeldern und Wiesen; dahinter erstrecken sich weite Flächen sandiger Heide und Kiefernwälder, und wo die Wälder aufhören, setzt die kahle Heide wieder ein; die Wälder sind schön in ihrer hochragenden, luftigen Weite mit den rötlichen Stämmen, ganz oben die Kronen sanftesten Graugrüns und am Boden ein leuchtend grüner Heidelbeerteppich und ringsum atemlose Stille; und die kahlen Heideflächen sind auch schön, denn man kann über sie hinweg beinah in die Ewigkeit schauen, und zu ihnen hinauszuwandern mit dem Blick auf die untergehende Sonne, ist, als spazierte man in Gottes Gegenwart hinein.

Mitten in dieser Ebene liegt die Oase von Vogelkirschen und Grün, wo ich meine glücklichen Tage verlebe, und mitten in der Oase steht das graue Steinhaus mit seinen vielen Giebeln, wo ich nur zögernd meine Nächte verbringe. Das Haus ist uralt und ein paarmal erweitert worden. Es war vor dem Dreißigjährigen Krieg ein Kloster, und die gewölbte Kapelle mit dem Backsteinboden, von den Knien frommer Bauern ganz abgescheuert, wird jetzt als Halle benutzt. Gustav Adolf II. und seine Schweden sind mehr als einmal vorbeigezogen – was gebührend vermerkt und noch heute im Archiv aufbewahrt wird –, denn wir befinden uns auf dem damaligen Hauptweg zwischen Schweden und dem unglücklichen Brandenburg. Der Löwe des Nordens war zweifellos ein ehrenwerter Mann und handelte ganz nach seinen Überzeugungen, aber er muß die friedlichen Nonnen, die ihrerseits nicht ohne eigene Überzeugungen waren, schrecklich aus dem Gleichgewicht gebracht haben, als er sie auf die weite leere Ebene hinausjagte und sie so zwang, aufs jämmerlichste eine neue Existenz zu suchen, die dieses stille Leben hier ersetzen mußte.

Von fast allen Fenstern des Hauses kann ich ungestört von irgendwelchen Hügeln über die Ebene hinweg direkt bis zur blauen Linie des fernen Waldes schauen; auf der Westseite ohne Einhalt bis zur untergehenden Sonne – eine einzige grünwogende Fläche, die sich scharf gegen den Sonnenuntergang abhebt. Ich liebe diesen Westflügel mehr als die anderen und habe mir mein Schlafzimmer auf dieser Seite des Hauses ausgewählt, damit selbst die Zeit des Haarbürstens nicht gänzlich verloren sei, und die Kammerjungfer, die sich dem Bürsten widmet, hat es gelernt, dieser Aufgabe nachzukommen, während die Herrin am offenen Fenster in einem Sessel zurückgelehnt sitzt, und sie weiß, daß sie diese süß-feierliche Stunde nicht mit Geplapper entweihen darf. Dieses Mädchen grämt sich wegen meiner Gewohnheit, beinah nur noch im Garten zu leben, und seit sie bei mir ist, werden all ihre Vorstellungen, wie das Leben einer deutschen Dame von Stand sein sollte, täglich auf eine harte Probe gestellt. Die Leute in der Nachbarschaft halten mich natürlich, um es so freundlich wie möglich auszudrücken, für äußerst exzentrisch, denn es hat sich herumgesprochen, daß ich den Tag mit einem Buch im

Freien verbringe und kein Sterblicher mich je hat nähen oder kochen sehen. Aber warum sollte ich kochen, wenn man eine Köchin bekommen kann? Und was das Nähen betrifft, die Mädchen säumen die Bettlaken besser und schneller, als ich es könnte, und alle Stickerei aus Modegründen ist eine Erfindung des Teufels, um die Törichten davon abzuhalten, sich der Weisheit zu widmen.

Wir waren schon fünf Jahre verheiratet, als uns der Gedanke kam, wir könnten dieses Gut durch unser Dortleben sinnvoll nutzen. Jene fünf Jahre lebten wir in einer Stadtwohnung, und in dieser endlos langen Zeit war ich völlig niedergedrückt und völlig gesund, was mich von der häßlichen Vorstellung befreit, die mich zuweilen geplagt hat, mein Glück hier gehe weniger auf den Garten zurück als auf eine gute Verdauung. Während wir unser Leben also dort vergeudeten, gab es hier dieses schöne Landgut, wo der Löwenzahn bis an die Tür wuchs, das Gras die Wege fast ganz verwischt hatte, so einsam im Winter, wenn einzig der Nordwind ihm die Mindestbeachtung schenkte, und da war im Mai – in all jenen fünf lieblichen Maimonaten – niemand, der sich die herrlichen Vogelkirschen und die Unmengen noch herrlicheren Flieders anschaute, alles leuchtend und blühend, der wilde Wein mit jedem Jahr wilder, bis schließlich im Oktober das Dach selbst mit blutroten Flechten bekränzt war, die Eulen und die Eichhörnchen und all die glücklichen kleinen Vögel als Alleinherrscher, und keine lebende Seele betrat je das leere Haus außer den Schlangen, die sich während jener stillen Jahre daran gewöhnt hatten, wann immer die alte Wirtschafterin die Fenster öffnete, die Südmauer hochzuschlängeln, in die Zimmer hinein. All das war hier gewesen – Friede und Glück und ein sinnvolles Leben, und dennoch war es mir nie eingefallen, hierhin zu ziehen. Ich muß staunen, wenn ich zurückdenke, und ich kann mir überhaupt nicht erklären, warum ich so spät erst entdeckte, daß hier in diesem entlegenen Winkel mein himmlisches Königreich lag.

Ja, mir kam es nicht einmal in den Sinn, das Landgut wenigstens im Sommer zu nutzen, ich unterwarf mich stattdessen jahraus jahrein einige Wochen lang einer Sommerfrische an der See mit all ihren Schrecken; bis mir endlich im letzten Vorfrühling – ich war aus der Stadt angereist, um die Dorfschule zu eröffnen, und streifte anschließend im noch öden und trostlosen Garten herum –, weiß Gott welcher Geruch von nasser Erde oder verfaulendem Laub schlagartig meine Kindheit in Erinnerung rief und all die glücklichen Tage, die ich in einem Garten verlebt hatte. Werde ich diesen Tag jemals vergessen? Es war der Anfang meines wahren Lebens, sozusagen mein Mündigwerden und der Eintritt in mein Königreich. Frühmärz, grauer, ruhiger Himmel und braune, ruhige Erde; kahl und etwas trist und wahrhaft einsam dort draußen in der Feuchtigkeit und Stille; doch da stand ich und fühlte dieselbe kindliche Verzückung beim ersten Frühlingshauch, und die fünf vergeudeten Jahre fielen wie ein Mantel von mir ab, und die Welt war hoffnungsvoll, und ich weihte mich unverzüglich der Natur, und seitdem bin ich glücklich.

Da meine bessere Hälfte Nachsicht walten ließ, vielleicht mit dem Hintergedanken, es tue wohl ganz gut, sich mal um das Gut zu kümmern, willigte sie ein, wenigstens eine Zeitlang dort zu leben; darauf folgten sechs ganz besonders wonnevolle Wochen, von Ende April bis in den Juni hinein, in denen ich hier allein war, vorgeblich, um das Anstreichen und Tapezieren zu überwachen, in Wahrheit ging ich aber nur ins Haus, wenn die Arbeiter es verlassen hatten.

Wie glücklich war ich! Niemals seit den Tagen, als ich noch zu klein war für den Unterricht und mit meinem zuckerbestreuten Elf-Uhr-Brot auf den Rasen hinausgeschickt wurde, der dicht übersät war von Löwenzahn und Gänseblümchen, niemals habe ich eine so vollkommene Zeit erlebt. Der Zucker auf dem Butterbrot hat seinen Reiz verloren, aber Löwenzahn und

Gänseblümchen liebe ich sogar noch leidenschaftlicher als damals, und niemals könnte ich es mitansehen, daß sie alle abgemäht würden, wüßte ich nicht sicher, sie strecken alsbald wieder ihr Gesichtchen nach oben, genauso keck wie eh und je. Während jener sechs Wochen lebte ich in einer Welt von Löwenzahn und eitel Wonne. Der Löwenzahn bedeckte wie ein Teppich die drei Rasenflächen – einst war es Rasen, er ist aber seit langem zur Wiese erblüht mit allerlei hübschem Unkraut –, und unter und zwischen den Gruppen kahler Eichen und Birken wuchsen scharenweise blaue Leberblümchen, weiße Anemonen, Veilchen und Scharbockskraut. Letzteres entzückte mich besonders mit seinem gefälligen frohen Glanz, so adrett hübsch und frisch lackiert, als hätten auch bei ihm die Anstreicher ihr Werk getan. Als dann die Anemonen verschwunden waren, tauchten vereinzelt Immergrün und Weißwurz auf, und wie auf einen Schlag erblühten all die Vogelkirschen. Und dann, noch ehe ich mich ein wenig an die Freude über ihre Blütenpracht vor dem weiten Himmel gewöhnt hatte, erschien der Flieder – ganze Heerscharen Flieder: in Büscheln über den Rasen verstreut, zusammen mit anderen Sträuchern und Bäumen längs der Wege, und ein großer zusammenhängender Fliederwall zog sich gleich hinter der Westfassade des Hauses dahin, eine halbe Meile lang, soweit der Blick reichte, und hob sich herrlich gegen den Kiefernhintergrund ab. Als dann auch noch, kurz bevor alles vorbei war, die Akazien ihre Blüten zeigten und vier große Büsche blasser silberrötlicher Pfingstrosen unter den Südfenstern aufblühten, war ich so überglücklich, so selig und dankbar, wie ich es gar nicht schildern kann. Meine Tage schienen in einem Traum rosaroten und purpurnen Friedens dahinzuschmelzen.

Es gab nur die alte Wirtschafterin und ihr Mädchen im Haus, so daß ich unter dem Vorwand, ihnen nicht zuviel Mühe machen zu wollen, mich meiner, wie meine bessere Hälfte es nennt, *fantaisie déréglée* bezüglich der Mahlzeiten hingeben konnte – das heißt Mahlzeiten einfachster Art, die sich auf einem Tablett zum Flieder hinausbringen ließen; und ich lebte, ich erinnere mich, die ganze Zeit von Salat, Brot und Tee, manchmal tauchte zum Lunch ein zartes Täubchen auf, um mich, wie die alte Dame meinte, vorm Hungertod zu retten. Wer außer einer Frau hätte sich sechs Wochen lang nur mit Salat begnügt, selbst wenn dieser durch die Gegenwart und den Duft der prachtvollsten Fliedermassen geheiligt war? Ich tat's, und mit jedem Tag wuchs und gedieh ich mit Gottes Huld, auch wenn ich seitdem etwas gegen Salat habe. Und jetzt, wo ich dreimal täglich Mahlzeiten im Eßzimmer einzunehmen habe, zwei davon mit der obligaten servierenden Dienerschaft, die als unerläßlich für den standesgemäßen Erhalt der Familienehre gilt, und in deren Mittelpunkt unweigerlich der Braten steht, wie oft denke ich da angesichts solchen Zwangs an meine Salattage, vierzig insgesamt, und an die Seligkeit des Alleinseins von damals!

Und dann die Abende, wenn die Arbeiter alle verschwunden waren, wenn das Haus der Leere und den Echos überlassen war, wenn die alte Wirtschafterin ihre rheumageplagten Glieder ins Bett gepackt hatte und mein Zimmerchen in einem ganz anderen Teil des Hauses zurechtgemacht worden war – wie widerstrebend verließ ich da jedesmal die freundlichen Frösche und Eulen, schloß geknickt die Tür zum Garten hinter mir ab und ging durch die lange Flucht von hallenden Südzimmern mit den Schatten, Leitern und dem gespenstischen Durcheinander von Farbkübeln! Dann summte ich eine Melodie und schritt, um mir selbst vorzumachen, ich täte das gerne, betont langsam durch die Empfangshalle mit dem Backsteinboden die knarrende Treppe hinauf, die lange weißgekalkte Diele entlang und huschte mit einer letzten Anwandlung von Schrecken in mein Zimmer hinein und verschloß und verriegelte die Tür doppelt!

Im Hause gab es nirgends Klingeln, und ich nahm immer die

große Essensglocke mit an mein Bett, damit ich wenigstens Lärm schlagen könnte, falls ein Geräusch mir in der Nacht Angst einjagte; allerdings wozu, weiß ich nicht, da niemand mich hören konnte. Das Mädchen schlief in einem anderen Kämmerchen direkt nebenan, und wir zwei waren die einzigen Lebewesen in dem großen leeren Westflügel. Sie glaubte ganz offensichtlich nicht an Gespenster, denn ich konnte hören, wie sie auf der Stelle, kaum hatte sie sich hingelegt, einschlief; auch ich glaube nicht an Geister, *»mais je les redoute«*, aber ich fürchte sie, wie eine französische Dame gesagt hat, deren Bücher Willensstärke ausstrahlen.

Die Essensglocke war ein großer Trost; sie wurde zwar nie geläutet, aber es beruhigte mich, wenn ich sie auf einem Stuhl neben dem Bett sah, denn meine Nächte waren ganz und gar nicht friedlich, alles war so seltsam, und es gab so merkwürdige Knacklaute und sonstige Geräusche. Ich lag gewöhnlich stundenlang wach, aufgeschreckt aus meinem leichten Schlaf durch das Knarren einer Diele, und lauschte dem unbekümmerten Schnarchen des Mädchens im Nebenzimmer. Morgens war ich natürlich kühn wie ein Löwe und belustigt über den kalten Angstschweiß der vergangenen Nacht; und heute, im nachhinein, finde ich selbst die Nächte von damals herrlich; ich glich jenen Jungen aus der Geschichte, die in jedem Wind Stimmen hörten und von furchtsamer Freude gepackt wurden. Liebend gern würde ich sie alle nochmals schaudernd erleben, nur wegen der reinen Schönheit eines Hauses ohne Dienstboten und Polstermöbel.

Wie hübsch sahen die Schlafzimmer aus bloß mit neuen freundlichen Tapeten! Manchmal ging ich in die fertigen Zimmer und malte mir alles mögliche aus über ihre Zukunft und ihre Vergangenheit. Würden die Nonnen, die sie bewohnt hatten, ihre weißgetünchten Zellen wiedererkennen, so heiter mit dem zarten Blumenmuster der Tapeten und dem frischen Anstrich? Und wie erstaunt würden sie sein, daß Zelle Nummer 14 zu einem Badezimmer geworden war mit einer Wanne, groß genug, um eine Sauberkeit des Körpers zu gewährleisten, die der Reinheit ihrer Seelen nicht nachstand! Sie würden das Bad als Teufelsfalle ansehen; und ich weiß von mir selbst, daß ich erst an *dem* Tag über meine schwarzen Nagelränder entsetzt war, als ich das Unschuldsweiß meiner Seele zu verlieren begann, indem ich mich mit fünfzehn Jahren in den Gemeindeorganisten verliebte, vielmehr in den Anblick des Chorrocks, der Adlernase und des feuerroten Schnurrbarts – das war alles, was ich je von ihm zu sehen bekam, und ich liebte es mindestens sechs Monate lang wie rasend. Als ich nach dieser Zeit einmal in Begleitung meiner Gouvernante ausging, kam ich auf der Straße an ihm vorbei und entdeckte, daß seine nichtamtliche Tracht ein Gehrock war, dazu ein Umlegekragen und ein Bowler, und aus war's mit der Liebe.

Anfangs war jene Garten-Glückseligkeit vollkommen, denn meine Gedanken waren erfüllt von dem Frieden und der Schönheit um mich herum. Dann erschien auf einmal *er*, der das Recht hat zu erscheinen, wann immer er will, und schalt mich, daß ich nie geschrieben hatte, und als ich ihm sagte, ich sei buchstäblich zu glücklich gewesen, um ans Schreiben zu denken, faßte er es wie eine herabsetzende Bemerkung auf – daß ich auch allein glücklich sein konnte. Ich führte ihn auf den neuangelegten Wegen durch den Garten, zeigte ihm die Akazien und die Fliederherrlichkeit, und er sagte, es sei der reinste Egoismus, daß ich mich amüsierte, wenn weder er noch die Sprößlinge bei mir seien, und daß der Flieder tüchtig gestutzt werden müsse. Ich versuchte ihn zu besänftigen, indem ich ihm mein Abendessen aus Salat und Toast anbot, das bei unserer Rückkehr schon am Fuß der kleinen Verandatreppe bereitstand, aber nichts besänftigte den Grimmigen, und er sagte, er fahre auf der Stelle zurück zu seiner vernachlässigten Familie. Das tat er auch; den Rest meiner kostbaren Zeit störten Gewissensbisse (zu denen ich recht oft neige), wann immer mich die Lust anwandelte, einen Freudensprung zu tun. Jedesmal, wenn es mir in den Beinen zuckte, mir den Garten anzuschauen, lief ich zu den Anstreichern; ich trottete beflissen in den Gängen hin und her, kritisierte, machte Vorschläge und erteilte Anordnungen, an einem einzigen Tag mehr als in der ganzen vergangenen Zeit; ich schrieb regelmäßig Briefe und schickte Grüße; aber es gelang mir nicht, mich vor Sorge und Sehnsucht zu verzehren. Was soll man denn machen, wenn das Gewissen ruhig und die Leber in Ordnung ist und die Sonne scheint?

10. Mai. – Ich wußte im letzten Jahr rein gar nichts über Gartenarbeit, und dieses Jahr weiß ich nur wenig mehr, doch habe ich eine leise Ahnung, was getan werden könnte, habe zumindest *einen* bedeutenden Schritt nach vorn getan: von Prunkwinden zu Teerosen.

Der Garten war die reinste Wildnis. Sie erstreckt sich rund ums Haus, hauptsächlich aber auf der Südseite, und dies offensichtlich schon seit Ewigkeiten. Die Südfront ist einstökkig, eine Flucht von Zimmern, die ineinander übergehen, die Wände sind von wildem Wein bewachsen. In der Mitte gibt es eine kleine Veranda, von der einige hinfällige Holzstufen hinabführen zu der einzigen Stelle auf dem ganzen Gut, aus der man sich je etwas gemacht zu haben scheint. Es ist ein in den Rasen eingeschnittener Halbkreis, umgeben von Liguster, und in diesem Halbkreis sind elf Beete unterschiedlicher Größe, die wiederum von Buchs eingerahmt und um eine Sonnenuhr angeordnet sind, und die Sonnenuhr ist altehrwürdig und moosbewachsen und meine innige Liebe. Diese Beete waren das einzig sichtbare Zeichen eines Versuchs, den Garten zu kultivieren (außer einem einsamen Krokus, der aus eigenem Antrieb jedes Frühjahr sproß, nicht weil er es wollte, sondern weil er nicht anders konnte), und in all diese elf Beete hatte ich Prunkwinden gesät, nachdem ich einen deutschen Gartenratgeber gefunden hatte, demzufolge Prunkwinden in Riesenmengen das einzig Brauchbare seien, um die abscheulichste Einöde in ein Paradies zu verwandeln. Nichts anderes wurde in diesem Buch mit derselben Wärme empfohlen, und da ich nicht den geringsten Schimmer hatte, wieviel Samen notwendig war, kaufte ich zehn Pfund und ließ sie nicht nur in den elf Beeten aussäen, sondern um fast jeden Baum herum und wartete dann in großer Erregung auf das versprochene Paradies. Nichts geschah, und ich erhielt meine erste Lektion.

Glücklicherweise hatte ich auf zwei großen Flecken Land Gartenwicken gesät, die mich den ganzen Sommer über glücklich machten, ferner wuchsen unter den Südfenstern ein paar Sonnenblumen und einige Stockrosen, dazwischen Madonnenlilien. Aber nachdem ich die Lilien umgepflanzt hatte, verschwanden sie zu meiner großen Bestürzung; wie sollte ich mich auch in den Eigenheiten der Lilien auskennen? Und die Stockrosen entpuppten sich als ziemlich häßlich in der Farbe, so daß einzig und allein die Gartenwicken meinen ersten Sommer zierten und verschönten.

Gerade können wir wieder nach all der hektischen Geschäftigkeit, rechtzeitig für den Sommer die neuen Beete, Rabatte und Wege anzulegen, etwas aufatmen. Die elf Beete rings um die Sonnenuhr sind voller Rosen, aber ich sehe schon, daß ich bei einigen Fehler gemacht habe. Da ich keine Menschenseele habe, mit der ich darüber (oder über sonst etwas) Erfahrungen austauschen könnte, ist Fehlermachen hier meine einzige Art zu lernen. Alle elf Beete sollten einen Teppich von purpurfarbenen Stiefmütterchen bekommen, aber als ich entdeckte, daß nicht genügend vorhanden waren und niemand mir welche zu verkaufen hatte, haben nur sechs ihre Stiefmütterchen bekommen, in den übrigen ist Zwergreseda gesät. Zwei von den elf Beeten haben Marie-van-Houtte-Rosen, zwei Vicomtesse Folkestone, zwei Laurette Messimy, eines hat Souvenir de la Malmaison, eines Adam und Devoniensies, zwei haben Persisch-Gelb und Bicolor, und ein großes Beet hinter der Sonnenuhr hat drei Sorten roter Rosen (zweiundsiebzig in allem): Herzog von Teck, Cheshunt Scharlach und Prefet de Limburg. Dieses Beet ist bestimmt ein Fehler, einige andere vermutlich ebenfalls, aber ich muß natürlich abwarten, da ich nun mal so wenig Bescheid weiß. Außerdem habe ich auf jeder Seite des Halbkreises zwei längliche Beete ausheben lassen und Gartenreseda gesät; in eines habe ich Marie-van-Houtte gesetzt, ins andere Jules Finger-und-die-Braut; und in einem warmen Winkel unter den Salonfenstern befindet sich ein Beet mit Madame Lambard, Madame de Watteville und Comtesse Riza du Parc; weiter hinten im Garten ist, geschützt von einer Gruppe Buchen und Fliedersträucher im Norden und Westen, noch ein großes Beet mit Rubens, Madame Joseph Schwartz und die Ehrenwerte Edith Gifford. Das sind Zwergrosen; ich habe nur zwei Rosenbäumchen im ganzen Garten, zwei Madame George Bruants, und sie ähneln Besenstielen. Wie ich mich nach dem Tag sehne, an dem die Teerosen erblühen! Noch nie habe ich mich so unmäßig auf etwas gefreut; und jeden Tag mache ich die Runde und bewundere, was die lieben Kleinen in den vierundzwanzig Stunden an neuen Blättern oder lieblich roten Sprossen hervorgebracht haben.

Die Stockrosen und Lilien (die jetzt blühen) sind noch unter den Südfenstern in einer schmalen Rabatte auf einem Grashügel, an dessen Fuß ich zwei lange Rabatten Gartenwicken gesät habe, den Rosenbeeten gegenüber, damit meine Rosen bis in den Herbst hinein etwas anzuschauen haben, das beinah so liebreizend ist wie sie selbst, wonach dann alles Platz machen muß für weitere Teerosen. Der Weg, der von diesem Halbkreis weiter in den Garten führt, ist gesäumt von Chinesischen Rosen, weißen und rosafarbenen, hier und da von einem Persisch-Gelb. Ich wünschte mir, ich hätte Teerosen dort gepflanzt, und mir schwant Schlimmes bei der Wirkung des Persisch-Gelbs zwischen den chinesischen Rosen, denn letztere sind solche Winzlinge, und das Persisch-Gelb sieht so aus, als wolle es zu mächtigen Büschen werden.

Kein Geschöpf in dieser ganzen Gegend hier kann auch nur annähernd verstehen, mit welchem Herzklopfen ich mich auf das Aufblühen dieser Rosen freue! Gibt es doch nicht *ein* deutsches Gartenbuch, das nicht alle Teerosen ins Treibhaus verbannt, sie lebenslang einsperrt und so für alle Zeit dem Odem Gottes entzieht. Zweifellos war es reine Unwissenheit, daß ich dort, wo teutonische Engel keinen Fuß aufzusetzen wagen, fröhlich hineingestürzt bin, und meine Teerosen dem nördlichen Winter ausgesetzt habe; doch sie haben ihm unter Kiefernzweigen und Laub ins Gesicht geblickt, und nicht eine hat darunter gelitten – und heute sehen sie so glücklich aus und dazu entschlossen, sich des Lebens zu erfreuen, wie, dessen bin ich mir sicher, jede andere europäische Rose.

14. Mai. – Ich schreibe heute auf der Veranda mit drei tobenden Kleinkindern um mich, die ausdauernder sind als Mücken, und schon sind etliche der dreißig Finger im Tintenfaß gelandet und die Besitzer getröstet worden, wo doch die Pflicht eigentlich Schelte verlangte. Aber wer kann schon reumütige und rutschende Sonnenhäubchen ausschelten? Ich sehe nämlich nichts als Häubchen und Kinderschürzen und hurtige schwarzbestrumpfte Beine.

Diese drei, ihr geduldiges Kindermädchen, ich selbst, der Gärtner und sein Gehilfe sind die einzigen, die je in meinen Garten gehen, wir verlassen ihn allerdings auch nie. Der Gärtner ist seit einem Jahr hier und hat mir regelmäßig am Ersten eines jeden Monats gekündigt, bis jetzt ist er aber zum Bleiben bewegt worden. Wie gewöhnlich kam er am Ersten des Monats und sagte mit fest entschlossener Miene, er wolle im Juni gehen und nichts könne seinen Entschluß ändern. Ich glaube nicht, daß er viel vom Gärtnern versteht, zumindest aber kann er graben und gießen, und einiges von dem, was er gesät hat, erscheint auch, und einige der von ihm gesetzten Pflanzen gedeihen, außerdem ist er so unermüdlich fleißig, wie ich noch nie jemand erlebt habe, wobei sein großer Vorzug ist, daß er sich anscheinend nicht im geringsten dafür interessiert, was wir im Garten tun. Darum habe ich mich bemüht, ihn zu halten, ich weiß ja nicht, wie der Nachfolger wäre, und als ich ihn fragte, was ihm denn nicht behage, und er mit »nichts« antwortete, konnte ich daraus nur schließen, daß er mir persönlich wegen meiner exzentrischen Neigung grollt, Pflanzen in Gruppen angeordnet Pflanzen in sauberen Reihen vorzuziehen. Vielleicht mag er es auch nicht, daß ich ihm zuweilen Abschnitte aus den Gartenratgebern vorlese, wenn er gerade pflanzt oder etwas sät. Da ich selbst so hilflos bin, kam es mir einfacher vor, statt Erklärungen zu geben, das Buch selbst mit ins Freie zu nehmen und ihm die Weisheit direkt aus der Quelle zukommen zu lassen, sie ihm während des Arbeitens dosiert zu verabreichen. Ich verstehe nur zu gut, wie lästig das sein muß, und bloß meine Angst, ein ganzes Jahr durch irgendeinen dummen Fehler zu verlieren, hat mich dazu erkühnt. Ich lache manchmal hinter dem Buch über sein empörtes Gesicht und wünschte mir, wir könnten photographiert werden, damit ich in zwanzig Jahren, wenn der Garten ein liebliches Gemach ist und ich mit allen Wassern der Gartenkunst gewaschen bin, mich an meine glückseligen Anfangsmühen und Mißerfolge erinnere.

Den ganzen April hindurch setzte er die winterharten Pflanzen, die wir im Herbst gesät hatten, an ihren endgültigen Standort, und den ganzen April hindurch ging er mit einer langen Schnur umher und zog mit schöner Genauigkeit parallele Reihen in die Rabatte, worin er dann die armen Pflanzen wie Soldaten bei einer Parade arrangierte. Als ich einmal abwesend war, hatte er auf diese Weise zwei lange Beete angelegt, und als ich ihm erklärte, daß ich im dritten Beet die Pflanzen gern in Gruppen zusammen hätte und nicht in Reihen und daß mir dabei eine natürliche Wirkung vorschwebte, ohne Zwischenräume nackter Erde, blickte er noch düsterer drein als sonst; und als ich später herauskam, um mir das Ergebnis anzusehen, entdeckte ich, daß er zwei lange Beete beiderseits eines geraden Weges mit kleinen Reihen von jeweils fünf Pflanzen angelegt hatte – zuerst fünf Nelken und hinter den Nelken wieder fünf Nachtviolen und so weiter mit verschiedenen Pflanzen von jeder Sorte und Größe bis zum Ende hin. Als ich protestierte, sagte er, er habe nur meine Anweisung befolgt und habe ja gewußt, daß es nicht gut aussehen werde; so fügte ich mich, und die restlichen Rabatten wurden nach dem Muster der beiden ersten angelegt, und ich will Geduld haben und abwarten, wie sie im Sommer aussehen, bevor ich wieder umgraben lasse; denn für den Anfänger ziemt es sich, bescheiden zu sein.

Wenn ich doch nur selbst graben und pflanzen könnte! Um wieviel leichter wäre es und wie faszinierend, die Löcher selbst machen zu können, genau dort, wo man sie haben will, und dann die Pflanzen ganz nach Belieben einzusetzen, statt Anordnungen geben zu müssen, die nur halb verstanden werden, sobald man von den Richtlinien abweicht, die von jener langen Schnur bestimmt werden! In der ersten Wonne darüber, einen Garten ganz für mich allein zu haben, und in meiner brennenden Ungeduld, die öden Flecken Land rosig erblühen zu lassen, schlich ich mich doch tatsächlich verstohlen an einem warmen Sonntag im April letzten Jahres während der Mittagsstunde des Personals, doppelt sicher vor dem Gärtner durch den Feiertag und die Essenszeit, mit einem Spaten und einer Harke hinaus und hob fieberhaft ein kleines Stück Boden aus, wühlte die Erde um, säte heimlich Prunkwinden und rannte völlig erhitzt und schuldbewußt wieder zurück ins Haus, ließ mich in einen Sessel fallen, hinter ein Buch verschanzt, und setzte eine gleichgültige Miene auf, gerade noch rechtzeitig, um meinen guten Ruf zu retten. Und warum darf man das nicht? Es ist nicht anmutig, und es macht einen heiß; aber es ist eine gesegnete Art von Arbeit, und hätte Eva im Paradies einen Spaten gehabt und etwas damit anfangen können, hätten wir nicht diese ganze traurige Geschichte mit dem Apfel.

Was bin ich doch für eine glückliche Frau, daß ich in einem Garten lebe, mit Büchern, Kindern, Vögeln und Blumen und reichlich Muße, all das zu genießen! Meine Bekannten in der Stadt empfinden dies als Gefangenschaft und Begrabensein und als weiß Gott was noch und würden die Luft zerreißen mit ihren gequälten Schreien, wenn sie zu solch einem Leben verdammt wären. Manchmal habe ich das Gefühl, ich wäre von Natur aus begnadeter als meine Mitmenschen, da ich so leicht zu meinem Glück komme. Ich glaube, ich wäre immer lieb und gut, wenn die Sonne ewig schiene, und könnte auch in Sibirien an einem schönen Tag meine Freude haben. Und was kann das Leben in der Stadt einem an Vergnügungen bieten, das der Wonne einer dieser ruhigen Abende gleichkäme, die ich in diesem Monat erlebt habe, als ich allein am Fuß der Verandatreppe saß, mit dem Duft junger Lärchen in der Luft, dem Maimond dicht über den Buchen hängend, und der himmlischen Stille, deren Frieden durch das Quaken ferner Frösche und Eulenschreie nur noch vertieft wurde? Ein Maikäfer, der mit lautem Gebrumm dicht an meinem Ohr vorbeischoß, ließ mich erzittern, halb aus Freude über die Erinnerung an vergangene Sommer und halb aus Angst, er könnte sich in meinem Haar verfangen. Der Grimmige behauptet, sie seien Schädlinge und man müsse sie allesamt totschlagen. Ich würde das Totschlagen lieber erst am Ende des Sommers sehen und sie nicht gewaltsam aus solch einer schönen Welt verdrängen wollen, wenn gerade erst all die Kurzweil beginnt.

Heute war ein recht ereignisreicher Nachmittag. Mein Ältestes, im April geboren, ist fünf Jahre alt, und das Jüngste, im Juni geboren, drei; Scharfsichtige werden somit das Alter des verbleibenden Mittleren, des Maikinds, sofort erraten. Als ich mich gerade über eine Gruppe von Stockrosen beugte, die oben auf der einzigen hügelähnlichen Erhebung wachsen, die der Garten besitzt, stand das Aprilkind, das nachdenklich auf einem nahen Baumstumpf gesessen hatte, plötzlich auf und begann ziellos herumzulaufen, schreiend und wie im größten Schrecken heftigste Bewegungen mit den Händen machend. Ich starrte zu ihr hin und fragte mich, was sie beunruhigte; und dann sah ich, daß eine ganze Herde von Kälbern, die auf einem Feld neben dem Garten geweidet hatten, durch den Zaun gebrochen waren und nun gefährlich nah an meinen Teerosen, meinem kostbarsten Besitz, grasten. Dem Kindermädchen und mir gelang es, sie zu vertreiben, doch erst, als sie bereits aufs grausamste eine Rabatte mit Nelken und Lilien niedergetrampelt und Riesenlöcher in ein Beet mit Chinesischen Rosen gewühlt hatten und eben an der Jackmanii Clematis knabbern wollten, der ich schon lange gut zurede, einen Baumstamm hinaufzuklettern. Der Düstermann von Gärtner lag zufällig krank im Bett, und sein Gehilfe vesperte gerade – wie das lutherische Deutschland den Five-o'clock-tea oder Entsprechendes nennt –, darum füllte das Kindermädchen so gut es ging die Löcher wieder mit loser Erde und begrub dabei die zertrampelten und zerfetzten Rosen, die für immer um ihre Hoffnungen auf die Sommerherrlichkeit betrogen waren, und ich stand betrübt daneben. Das Junikind, kaum mehr als einen halben Meter groß, aber eine tapfere Kriegerin weit über ihr Alter, ergriff einen Stock, der viel größer als sie selbst war, und ging auf die Kälber los, denn der Kuhhirt war nirgends zu sehen. Sie pflanzte sich vor ihnen auf und schwang den Stock, und die Kälber standen da in einer Reihe und glotzten sie in großer Verwunderung an; und sie hielt sie alle in Schach, bis einer der Männer vom Gut mit einer Peitsche ankam, und dem Kuhhirten, nachdem er ihn im Schatten in süßem Schlaf entdeckt hatte, eine tüchtige Tracht Prügel verabreichte. Der

Kuhhirt ist ein bullig aussehender junger Mann, viel größer als der Mann, der ihn geprügelt hatte, aber er nahm seine Strafe hin als Teil seiner Tagesarbeit und sagte keinen Mucks dazu. Es kann ihm durch seine Lederkniehose hindurch nicht sonderlich wehgetan haben, und ich finde, er hatte es verdient; aber es muß für einen starken jungen Mann mit ziemlich leerem Kopf eine demoralisierende Beschäftigung sein, Kühe zu hüten. Niemand sollte das als Beruf ausüben, es sei denn, er habe die Einbildungskraft eines Dichters.

Nachdem das Junikind und ich von den beiden anderen mit so vielen Umarmungen begrüßt worden waren, als wären wir ihnen heil aus großer Gefahr zurückgegeben, und wir friedlich unter einer Buche Tee tranken, blickte ich zufällig hoch in ihr labyrinthisches Blattwerk, und da auf einem Zweig ganz in der Nähe meines Kopfes hockte ein Eulenjunges. Ich stellte mich auf meinen Stuhl und holte es mühelos herunter, denn es konnte nicht fliegen, und wie es überhaupt dorthin gekommen war, bleibt ein Geheimnis. Es ist ein rundes Bällchen aus grauem Flaum mit dem wunderlichsten, klügsten und feierlichsten Gesicht. Armes Ding! Ich hätte es freilassen sollen, aber die Versuchung, es zu behalten, bis der Grimmige, der zur Zeit auf einer Reise ist, es gesehen hätte, war unwiderstehlich, denn allzu oft hat er gesagt, wie gern er eine Jungeule hätte und versuchen würde, sie zu zähmen. So setzte ich sie in einen geräumigen Käfig und hängte ihn an einen Zweig des Baums, in dem sie gesessen hatte und der nicht weit weg von ihrem Nest und der Mutter sein konnte. Wir hatten uns kaum wieder zu unserem Tee niedergelassen, als ich zwei weitere Flaumbälle im hohen Gras entdeckte, die aus der geringen Entfernung fast nicht von kleinen Maulwurfshügeln zu unterscheiden waren. Unverzüglich wurden sie zu ihresgleichen in den Käfig gesteckt, und wenn der Grimmige jetzt nach Hause kommt, wird er nicht nur von einer Ehefrau begrüßt, deren Lippen sich zu einem gehörigen Lächeln kräuseln, sondern auch von drei ersehnten Jungeulen. Allerdings kommt es mir niederträchtig vor, die Kleinen von der Mutter zu trennen, und ich weiß, daß ich sie eines Tages wieder freilassen werde – vielleicht schon gleich beim nächsten Mal, wenn der Grimmige verreist. Ich stellte ein Töpfchen mit Wasser in den Käfig, obwohl sie noch nie Wasser gekostet haben können, es sei denn, sie trinken die Regentropfen von den Buchenblättern. Vermutlich bekommen sie die nötige Flüssigkeit von den Mäusekörpern und den anderen Leckerbissen, mit denen ihre zärtlichen Eltern sie versorgen. Aber die Vorstellung mit den Regentropfen ist hübscher.

15. Mai. – Wie grausam war es von mir, diese armen Eulchen auch nur für eine Nacht in den Käfig zu tun! Das kann ich mir nicht verzeihen, und nie mehr werde ich die Wünsche des Grimmigen unbesehen fördern. Heute morgen stand ich früh auf, um zu sehen, wie es ihnen ging, und ich fand die Käfigtür weit offen und kein Eulchen weit und breit. Ich dachte natürlich, jemand habe sie gestohlen – irgendein Junge aus dem Dorf oder vielleicht der bestrafte Kuhhirt. Aber als ich mich umschaute, entdeckte ich eins hoch oben in den Buchenzweigen, und dann zu meiner Bestürzung eins tot auf der Erde. Das dritte war nirgends zu sehen und ist wahrscheinlich sicher in seinem Nest. Die Eltern müssen so lange an den Käfigstäben gezerrt haben, bis sie per Zufall die Tür offen hatten, dann müssen sie die Jungen hinausgezogen und den Baum hinauf geholt haben. Das tote Eulchen ist wohl vom Zweig geweht worden, da die Nacht stürmisch war, und dabei hat es sich das Genick gebrochen. Durch meine Schuld gibt es heute ein glückliches Leben im Garten weniger, und es ist solch ein lieblicher warmer Tag –, genau die Art Wetter für junge schwache Geschöpfe, um sich wohlzufühlen und zu gedeihen. Die Kleinen sind sehr betrübt und schaufeln gerade ein Grab und winden Kränze aus Löwenzahn für die Beerdigung.

Als ich das eben hingeschrieben hatte, hörte ich Ankunftslärm, rannte hinaus und erzählte dem Grimmigen atemlos, daß ich ihm beinah die Jungeulen hätte schenken können, die er sich so oft gewünscht hatte, und wie leid es mir tue, daß sie fort seien, und wie schmerzlich der Tod der einen und so weiter, redselig, wie Frauen halt sind.

Er hörte zu, bis ich nach Luft schnappen mußte, und sagte dann: »Eine solche Grausamkeit überrascht mich. Wie konntest du nur die Eulenmutter so leiden lassen? Sie hat dir nie etwas getan.«

Das ließ mich aus dem Haus stürzen und in den Garten, mehr denn je davon überzeugt, daß Wahrheit in dem Lied steckt:

Ein rechtes Doppelparadies es wär,
lebt' man im Paradiese solitär.

16. Mai. – Der Garten ist mein Schutz, meine Zufluchtsstätte, zu der es mich hinzieht, nicht das Haus. Im Haus gibt es Pflichten und Verdruß, Dienstboten, die man ermuntern und ermahnen muß, Möbel und Mahlzeiten; aber dort im Freien drängen sich auf Schritt und Tritt die Segnungen – dort ist es, wo ich traurig bin über meine eigene Unfreundlichkeit, über jene selbstsüchtigen Gedanken, die so viel schlimmer sind, als man glaubt, dort werden alle meine Sünden und Dummheiten vergeben, dort fühle ich mich geborgen und zu Hause, und jede Blume und jedes Unkraut ist ein guter Bekannter und jeder Baum ein Liebster. Wenn mir etwas wehgetan hat, renne ich hinaus, um mich trösten zu lassen, und wenn ich ohne rechten Grund zornig war, erhalte ich dort meine Absolution. Hat eine Frau schon jemals so viele Freunde gehabt? Und immer dieselben, immer bereit, mich willkommen zu heißen und mich froh zu stimmen. Glückliche Kinder eines allgütigen Vaters, warum sollte ich, ihre eigene Schwester, weniger zufrieden und frohgemut sein als sie? Selbst im Gewitter, wenn andere Leute ins Haus flüchten, renne ich hinaus. Ich mag keine Gewitter – sie ängstigen mich schon Stunden bevor sie kommen, denn ich fühle es, wenn eins bevorsteht; merkwürdig ist vielleicht nur, daß ich Zuflucht im Garten suche. Ich fühle mich aber dort wohler, umsorgter, verhätschelter. Wenn es donnert, sagt das Aprilkind: »Da schimpft Liebergott diese *Engels* wieder aus.« Und einmal, als nachts ein Gewitter tobte, beklagte sie sich laut und wollte wissen, warum Liebergott das Schimpfen nicht am *day* machen könne, sie habe doch *geslept*, ganz *tight*. Sie sprechen alle drei eine herrliche Mischung aus Deutsch und Englisch, verderben die Reinheit ihrer Mutter- vielmehr Vatersprache, indem sie mitten in einen deutschen Satz englische Wörter einstreuen. Es erinnert mich immer an GERECHTIGKEIT, die durch ERBARMEN abgemildert wird.

Wir haben heute Schlüsselblumen in einem Wäldchen gepflückt, das euphemistisch Hirschwald heißt, da es das glückliche Jagdrevier von zahllosen Hirschen ist, die dort an Herbstabenden miteinander kämpfen, sich gegenseitig durch Röhren zum Zweikampf herausfordern, was durch die Stille schallt und den einsamen Lauscher angenehm erschaudern läßt. Ich spaziere im September häufig am Spätabend dorthin, hocke auf einem umgestürzten Baumstamm und lausche fasziniert ihren wütenden Brunstschreien.

Wir saßen im Gras und machten Bälle aus Schlüsselblumen. Die Kinder hatten so etwas noch nie gesehen oder sich auch nur halb so etwas Liebliches vorgestellt. Der Hirschwald ist ein offenes Wäldchen aus Sandbirken und federnder Grasnarbe, blumenübersät; ein Rinnsal schlängelt sich freundlich dahin und schmückt sich im Juni mit gelben Schwertlilien. Ich träume davon, mir eine kleine Hütte dort bauen zu lassen, Gänseblümchen bis vor die Tür und keinerlei Weg – gerade groß genug, um drinnen mich und ein Kind zu beherbergen und draußen einer purpurfarbenen Clematis Platz zum Ranken zu geben. Zwei Räume – ein Schlafzimmer und eine Küche. Wie furchtsam wären wir nachts und wie überglücklich tagsüber! Ich weiß genau, wo sie stehen sollte, die Vorderseite ginge nach Südost, damit wir die morgendliche Fröhlichkeit voll auskosten könnten, und nahe am Wasser wäre es, damit wir unsere Teller zwischen den Schwerlilien abwaschen können. Manchmal, wenn uns nach Gesellschaft zumute wäre, würden wir die andern Kleinen zum Tee einladen und sie mit wilden Erdbeeren auf Tellern von Roßkastanienblättern bewirten; doch nur wer genauso unschuldig und leicht zu beglücken ist wie ein Kleinkind dürfte den Glanz unseres sonnigen Hüttchens trüben – allerdings glaube ich nicht, daß jemand Klügeres Interesse daran hätte, zu uns zu kommen. Kluge Leute wollen so vieles, bevor sie überhaupt auch nur bereit sind, sich erfreuen zu lassen, und in ihrer Gegenwart muß ich mich ständig rechtfertigen, da ich ihnen bloß das anbieten kann, was ich selbst am meisten liebe – mich rechtfertigen und schämen, daß ich so leicht zufriedenzustellen bin.

Neulich auf einer Abendgesellschaft in der nächstgelegenen Stadt (wir brauchten den ganzen Nachmittag, um dorthin zu kommen), erkundigten sich nach dem Essen die Damen, wie ich denn den Winter überstanden hätte, so abgeschnitten von aller Welt und manchmal wochenlang eingeschneit.

»Ah, diese Ehemänner!« seufzte eine stattliche Dame und schüttelte kummervoll den Kopf, »sie sperren ihre Frauen ein, weil's ihnen so paßt, und scheren sich nicht darum, was die Frauen dulden müssen.«

Daraufhin seufzten die anderen ebenfalls und schüttelten den Kopf, denn die stattliche Dame war eine wichtige Machtperson am Ort, und eine fing an zu erzählen, wie noch so ein furchtbarer Ehemann seine junge Frau aufs Land gebracht, sie dort gelassen habe und somit aufs grausamste ihre Schönheit und ihre Talente vor der Öffentlichkeit verborgen gehalten habe, und wie sie, nachdem sie ein paar Jahre abwechselnd zwischen Jammern und Nachwuchsproduzieren verbracht habe, erst vor kurzem mit jemand Unsäglichem auf und davon sei – ich glaube, es war ein Bediensteter oder der Bäcker oder sonstwer.

»Aber ich bin sehr glücklich«, begann ich, sobald ich zu Wort kam.

»Ah, eine brave kleine Frau, die das Beste draus macht«, und die Machthaberin tätschelte meine Hand, schüttelte jedoch weiterhin düster den Kopf.

»Sie können unmöglich im Winter dort glücklich sein, so völlig allein«, behauptete eine andere Dame, die Frau eines hohen Militärs und nicht an Widerspruch gewöhnt.

»Bin ich aber.«

»Aber wie können Sie denn in Ihrem Alter glücklich dort sein? Nein, einfach unmöglich.«

»Aber ich *bin* es.«

»Ihr Mann sollte Sie im Winter in die Stadt bringen.«

»Ich will aber nicht in die Stadt gebracht werden.«

»Und Sie nicht die besten Jahre in der Abgeschiedenheit vergeuden lassen.«

»Aber ich mag die Abgeschiedenheit.«

»Solche Einsamkeit ist ungut.«

»Aber ich bin nicht einsam.«

»Und nimmt ein böses Ende.« Sie wurde ziemlich aufgebracht.

Bei ihrer letzten Bemerkung ertönte ein Chor von »Aber wahrlich«, gefolgt von erneutem Kopfschütteln.

»Ich habe den Winter ungemein genossen«, sagte ich unbeirrt, als sie sich ein wenig beruhigt hatten; »ich bin Schlitten gefahren und Schlittschuh gelaufen, und außerdem waren da die Kinder, dazu Regale über Regale voll mit ...« Ich wollte sagen mit Büchern, hielt aber inne. Lesen ist eine Beschäftigung für Männer; für Frauen ist es eine verwerfliche Zeitverschwendung. Und wie könnte ich ihnen das Glück beschreiben, das ich empfand, wenn die Sonne auf dem Schnee funkelte, oder die tiefe Freude über Rauhreiftage.

»Es ist ganz und gar meine Schuld, daß wir hierher gekommen sind«, fuhr ich fort, »und mein Mann hat es nur mir zu Gefallen getan.«

»Was für eine brave kleine Frau«, wiederholte die gönnerhafte Machthaberin und tätschelte wieder meine Hand mit einer allesverstehenden Miene, »wirklich eine treffliche kleine Frau. Aber Sie sollten Ihrem Mann nicht zu sehr seinen Willen lassen, meine Liebe, und meinem Rat folgen und darauf bestehen, daß er Sie im nächsten Winter in die Stadt bringt.«

Und dann ließen sie sich über ihre Köchinnen aus, nachdem sie zu ihrer vollen Zufriedenheit entschieden hatten, daß das Schicksal mir wahrscheinlich auch schon auflauerte, vielleicht schon in diesem Augenblick hinter den scheinbar harmlosen Messingknöpfen des Butlers, der in der Halle mit dem Mantel auf mich wartete.

Ich lachte bei der Heimfahrt und lachte aus purer Zufriedenheit wieder, als wir den Garten erreichten und zwischen den ruhigen Bäumen zu dem hübschen alten Gutshaus fuhren; und als ich die Bibliothek betrat mit den vier Fenstern, die dem Mondlicht und den Nachtgerüchen offenstanden, und auf die vertrauten Bücherregale schaute und nur die friedlichen Geräusche hörte und mir vorstellte, daß ich ganz nach Belieben hier lesen, träumen oder faulenzen könnte, ohne je von einer Menschenseele gestört zu werden, wie dankbar fühlte ich mich da dem gütigen Geschick gegenüber, das mich hierher verschlagen und mir das Herz gegeben hat, mein Glück auch zu fassen, und mich vor dem Leben bewahrt hat, das ich gerade erlebt hatte – vor einem Leben, bei dem man den Essensgeruch anderer Leute in der Nase und das laute Gezänk der Dienstboten im Ohr hat, dazu als einzige Unterhaltung Gesellschaften und Klatsch.

Ich muß allerdings gestehen, daß ich manchmal am Boden

zerstört war, wenn eine bedeutende Persönlichkeit zunächst Einzelheiten meines Heims mit dem Lorgnon begutachtete und aus der bequemen Distanz eines offenen Fensters all das ruhig sezierte, was ich lobpreise, um mir schließlich ihr Mitgefühl ob meiner Einsamkeit auszudrücken, und auf meinen Protest hin, daß ich das mag, nur murmelte: »sehr anspruchslos«. Dann habe ich mich meiner bescheidenen Bedürfnisse geschämt; aber nur für einen Augenblick und nur unter der Wirkung des Lorgnons, die alsbald dahinschwindet; denn schließlich ist dieser solcherart an den Tag gelegte Geist genau derselbe, der meine Dienstboten beseelt – Mädchen, deren einzige Vorstellung von Glück es ist, in der Stadt zu leben, wo es andere ihrer Art gibt, mit denen man Bier trinken oder Samstag nachmittags zum Tanzen gehen kann. Das Verlangen, ständig mit seinesgleichen zusammen zu sein, und die Angst, einige Stunden allein gelassen zu werden, sind mir völlig unverständlich. Ich kann mich wochenlang ganz gut mit mir selbst unterhalten, wobei ich mir, bis auf die herrschende Stille, kaum bewußt bin, überhaupt allein gewesen zu sein. Nicht, daß ich nicht gern für einige Tage Gäste hier hätte, oder selbst für einige Wochen, wenn sie ebenfalls so anspruchslos sind wie ich selbst und zufrieden mit einfachen Freuden; nur, jeder, der hierher kommt und glücklich werden will, muß etwas in sich haben; wäre der Besucher bloß ein dumpfes Geschöpf, ohne Verstand und Herz, würde er sich mit großer Wahrscheinlichkeit langweilen. Ich hätte es gern, wenn mein Haus oft voll wäre, fände ich nur die Menschen, die sich selbst unterhalten können. Sie würden herzlich willkommen geheißen und ebenso herzlich wieder verabschiedet werden; denn die Wahrheit zwingt mich zu gestehen, daß mir zwar ihr Kommen gefällt, aber auch ihr Weggehen.

An besonders himmlischen Tagen, wie heute, sehne ich mich sogar richtig danach, daß jemand anderes hier sein möge und mit mir die Schönheit genießt. In der Nacht hat es geregnet, und der Garten scheint zu singen – nicht nur die unermüdlichen Vögel, sondern auch die kräftig sprießenden Pflanzen, das glückliche Gras und die Bäume, die Fliederbüsche – ach, diese Fliederbüsche! Sie stehen heute in voller Pracht da, und der Garten ist durchtränkt von ihrem Duft. Ich habe armweise davon ins Haus getragen, das Pflücken ist eine solche Wonne, und jeder Krug, Kessel und Kübel im Innern prangt von purpurner Pracht, und die Dienstboten glauben, es fände eine Gesellschaft statt, und sind darum besonders hurtig, und ich gehe von Zimmer zu Zimmer und bestaune die wohlriechende Herrlichkeit, und die Fenster sind weit aufgerissen, damit sich der Duft von drinnen mit dem von draußen verbindet; und den Dienstboten wird allmählich klar, daß keine Gesellschaft stattfindet, und sie fragen sich, warum für eine Frau allein das Haus mit Blumen gefüllt sein soll, und ich sehne mich mehr und mehr nach einer verwandten Seele – es kommt mir so unmäßig vor, soviel Lieblichkeit ganz für mich zu haben –, aber verwandte Seelen sind äußerst, äußerst selten; ich könnte beinah ebensogut nach dem Mond verlangen. Es stimmt ja, mein Garten ist voller Freunde, nur sind sie – stumm.

3. Juni. – Die Gegend hier liegt so weitab vom Schuß, daß es ganz ungewöhnlicher Tatkraft bedarf, um überhaupt bis hierher zu gelangen, und ich bleibe auf diese Weise von Gelegenheitsbesuchern verschont; wohingegen Menschen, die ich liebe, oder Menschen, die mich lieben, was fast aufs selbe hinausläuft, sich wahrscheinlich nicht durch die umständliche Bahnreise und die lange Kutschenfahrt am Schluß vom Kommen abschrecken lassen. Eine meiner zahlreichen Segnungen, die nicht unerwähnt bleiben darf, ist es, daß wir nur einen Nachbarn haben. Wenn man schon Nachbarn haben muß, ist es zumindest eine glückliche Fügung, nur einen zu haben; denn mit Leuten, die zu allen Zeiten hereinschneien und mit einem plaudern wollen, wie soll man da, möchte ich wissen, überhaupt zu seinem eigenen Leben kommen, seine Bücher lesen und seine Träume träumen? Überdies gibt es immer die Gewißheit, daß man selbst oder der hereingeschneite Besucher oder die Besucherin etwas sagt, das besser ungesagt geblieben wäre, und ich habe ein heiliges Grausen vor Klatsch und Intrigieren. Eine Weiberzunge ist eine tödliche Waffe und am allerschwersten in Zaum zu halten, und Dinge entschlüpfen ihr mit einer Leichtigkeit, die schon erschreckend ist, in genau dem Augenblick, wo absolutes Stillschweigen am Platze wäre. In solchen Fällen ist der einzig sichere Kurs der, unentwegt über Köchinnen und Kinder zu reden und Gott anzuflehen, daß der Besuch sich nicht zu lang ausdehnen möge, denn geschähe dies, wäre man verloren. Köchinnen sind, wie ich herausgefunden habe, das beste aller Themen – auch die Trägsten werden bei dem bloßen Wort schon lebendig, und die Freuden und Leiden, die damit verknüpft sind, sind Erfahrungen, die wir alle miteinander teilen.

Glücklicherweise sind unser Nachbar und seine Frau geschäftig und charmant zugleich, von einer ganzen Truppe flachsblonder Kleinkinder auf Trab gehalten, ganz abgesehen von der Arbeit auf ihrem großen Gut. Unser gesellschaftlicher Umgang ist nach Regeln schönster Einfachheit geordnet. Ich besuche die Nachbarin einmal im Jahr, und sie erwidert meinen Besuch vierzehn Tage später; sie laden uns im Sommer zum Essen ein, und wir revanchieren uns im Winter. Indem wir uns streng daran halten, vermeiden wir jegliche Gefahr einer engeren Freundschaft, die nur ein anderer Name für häufige Streitereien ist. Meine Nachbarin ist das Ideal einer deutschen Gutsbesitzerin, nicht nur eine hübsche Frau, sondern außerdem energisch und praktisch, und diese Kombination hat, gelinde gesagt, ihre Wirkung. Sie steht bei Morgengrauen auf und beaufsichtigt das Füttern des Viehs, das Butterstampfen, das Verladen der zum Verkauf bestimmten Milch; tausend

Dinge werden erledigt, während die meisten Leute noch fest schlafen; und bevor die Faulenzer wohlig frühstücken, ist sie schon mit ihrem Ponywagen zu den anderen Gutsgebäuden in der Umgebung unterwegs, um die ›Mamsells‹ zu inspizieren, wie die mit der Aufsicht betrauten Frauen heißen, um in jeden Winkel zu spähen, die Kochtopfdeckel zu heben, die frischgelegten Eier zu zählen und, falls nötig, irgendein nachlässiges Milchmädchen zu ohrfeigen. Nach dem Gesetz dürfen wir ›leichte körperliche Züchtigungen‹ an unserem Personal vornehmen, wobei es ganz dem individuellen Empfinden überlassen bleibt, zu entscheiden, was ›leicht‹ sein soll, und meine Nachbarin scheint dieses Privileg wirklich zu genießen, urteilt man danach, wie sie davon spricht. Ich gäbe viel darum, könnte ich durchs Schlüsselloch gucken, um die unerschrockene kleine Dame zu sehen, wie sie, furchtbar in ihrem Zorn und in ihrer Würde, auf den Zehenspitzen steht, um ein großes stämmiges Mädchen zu ohrfeigen, das durchaus die Kraft hätte, sie zu verschlingen.

Käse, Butter und Würste *unübertroffen* gut herzustellen ist eine Arbeit, die Verstand verlangt, und in meinen Augen eine sehr bewundernswerte Art von Tätigkeit, der Beachtung durch die Intelligenten wert und würdig. Daß meine Nachbarin intelligent ist, erkennt man sofort an der hellen Wachsamkeit ihrer Augen – Augen, denen nichts entgeht und die nur noch hübscher werden dadurch, daß sie für sinnvolle Sachen benutzt werden. Sie gilt meilenweit als Autorität in den Geheimnissen des Wurstmachens, der Kälberaufzucht und des Schweineschlachtens; und bei all ihren vielfältigen Pflichten und der täglich länger werdenden Abwesenheit von zu Hause sind ihre Kinder ein Muster an Gesundheit und Adrettheit und all dem, was liebe kleine deutsche Kinder mit Blondzöpfen, furchtlosen Augen und dicken Beinchen sein sollen. Wer wagt es da zu behaupten, solch ein Leben sei garstig, fad und keiner höheren Intelligenz wert? Ich erkläre hiermit, daß es für mich ein schönes Leben ist, voll heilsamer Arbeit im Freien, wo kein Platz ist für jene leeren Augenblicke von Niedergeschlagenheit, Langeweile und Grübelei, was man als nächstes tun könnte, die Falten um die Augen einer hübschen Frau hinterlassen und die selbst brillanten Köpfen nicht fremd sind. Doch obwohl ich meine Nachbarin bewundere, glaube ich nicht, daß ich je versuchen werde, in ihre Fußstapfen zu treten, da meine Talente nicht im tatkräftigen Organisieren liegen, sondern eher dazu neigen, ihre Eigentümerin in fast beklagenswerter Weise zu verleiten, einen Gedichtband zu nehmen und dorthin zu gehen, wo der Hahnenfuß wächst, und auf einem Weidenstumpf an einem Flüßchen sitzend die Existenz alles anderen zu vergessen, außer den satten Weiden und dem stillen Gewässer und dem sorglosen Wehen des Windes über die frohen Felder. Und es würde mich richtig unglücklich machen, hätte ich zum Beispiel mit einem widerborstigen Küchenmädchen zu tun, das eins hinter die Löffel verdient.

Manchmal dringen von weither Besucher in meine Einsamkeit ein, und bei diesen Gelegenheiten wird mir klar, wie mutterseelenallein jeder ist und wie entfernt von seinen Mitmenschen, und während sie reden (im allgemeinen über Babys, frühere, derzeitige und erwartete), wundere ich mich über die große, nicht zu überbrückende Distanz, die die eigene Seele von der Seele desjenigen trennt, der direkt neben mir auf dem Stuhl sitzt. Ich spreche von Menschen, die einem verhältnismäßig fremd sind, die durch die seltsamen Launen des Zugverkehrs gezwungen sind, eine bestimmte Zeit hier zu verbringen, und in deren Gegenwart man vorsichtig nach gemeinsamen Interessen sucht, um sich dann, wenn man schließlich herausfindet, es gibt keine, ins eigene Schneckenhaus zurückzuziehen. Mich überkommt dann langsam eine große Kälte, und mit jeder Minute werde ich benommener und wortkarger, und die Kleinen spüren die Kälte in der Luft und blicken stumpf vor sich hin, und die Besucher absolvieren die übliche Zeremonie des Erkundens, nach wem sie am meisten schlagen, wobei die Streitfrage gewöhnlich durch den Ausspruch entschieden wird, daß die Schöne, das Maikind, dem Vater gleicht, und die beiden anderen, mehr oder weniger unscheinbaren, mir aus dem Gesicht geschnitten sind, und dieses Urteil, obschon mir von jeher bekannt und mit Sicherheit zu erwarten, bedrückt mich jedesmal wieder, als hörte ich es zum ersten Mal. Die Kinder sind noch so klein und gutartig und lieb, und es ist schlimm, daß man sie als Lückenfüller in Gesprächen benutzt und ihre Gesichtszüge nacheinander auseinandernimmt und all ihre schwachen Punkte vermerkt und kritisiert, dieweil sie scheu lächelnd vor dem Anatom stehen, so daß selbst noch ihr Lächeln Kommentare zur Form ihres Mundes entlockt; das alles geschieht jedoch nicht allzu oft, und die Kinder sind eins der wenigen Interessen, die man mit anderen teilt, da anscheinend jeder Kinder hat. Ein Garten ist, wie ich herausgefunden habe, ein keineswegs ergiebiges Thema, und es ist erstaunlich, wie wenige Leute wirklich den eigenen lieben – sie geben's alle vor, aber am Ton ihrer Stimme erkennt man, wie halbherzig ihre Zuneigung ist. Um den Juni herum ist ihr Interesse am stärksten, belebt durch das angenehme Angebot an Erdbeeren und Rosen, doch wenn ich es mir recht überlege, kenne ich nicht einen einzigen Menschen im Umkreis von zwanzig Meilen, der seinen Garten aufrichtig gern hat oder den Glücksschatz gehoben hat, der in ihm verborgen liegt und der sich finden läßt, wenn man nur eifrig danach sucht, notfalls mit Tränen.

Immer nach diesen doch seltenen Besuchen habe ich Anfälle von Niedergeschlagenheit, die einzigen überhaupt, und dann bin ich böse auf mich selbst, die ich doch so reich an allem bin, daß ich mir auch nur *eine* kostbare Stunde im Leben durch etwas so Nebensächliches habe verderben lassen. Das ist ja das Schlimmste am Gutgenährt-, Gutgekleidet-, Gutgewärmtsein und am Haben von alldem, was man, ohne unmäßig zu sein, verlangen kann – beim geringsten Anlaß bedrücken einen so luftige Sorgen wie das Ausgeschlossensein von größerer Seelenvertrautheit mit dem Nächsten; was schon auf den ersten Blick töricht ist, da die Wahrscheinlichkeit groß ist, daß er keine Seele hat.

Die Rauken sind alle raus. Der Gärtner hat sie in einem plötzlichen Einfall direkt vorne an den beiden Beeten entlang gesät, und ich weiß nicht, was er sich denkt, jetzt, da sie voll erblüht sind und die Pflanzen dahinter ganz verdecken; aber ich habe eine weitere Lektion bekommen, und kein zukünftiger Gärtner darf so rabaukig mit meinen Rauken umgehen. Sie sind bezaubernd, zart in der Farbe und im Duft, und eine Schale mit ihren Blüten auf meinem Schreibtisch erfüllt den Raum mit Wohlgeruch. Einzelne Reihen sind jedoch ein Mißgriff; ich hatte sie zu Massen ins Gras pflanzen lassen, wo sie zeigen können, wie lieblich sie sind. Eine Rabatte mit Rauken, mauvefarben und weiß, sonst nichts, müßte schön sein; aber ich weiß nicht, wie lange sie dauern und wie sie nach dem Verblühen aussehen. Das werde ich vermutlich in ein oder zwei Wochen feststellen. War je ein Möchtegerngärtner so gänzlich seiner Stümperei überlassen? Zweifellos wäre es für den Garten ein Gewinn von Jahren, wenn ich nicht gezwungen wäre, allein durch meine Mißerfolge zu lernen, und wenn ich ein freundliches Wesen hätte, das mir sagte, wann was zu tun sei. Zur Zeit sind die einzigen blühenden Blumen im Garten die Rauken, die Stiefmütterchen in den Rosenbeeten und zwei Sorten von Azaleen, mollis und pontica. Die Azaleen waren prachtvoll und sind es noch; ich habe sie erst in diesem Frühling gepflanzt, und sie blühten fast auf der Stelle, und die geschützte Ecke, in der sie gedeihen, sieht aus, als wäre darin ewiger Sonnenuntergang eingefangen. An der Art und Weise, wie sie ihr Leben begonnen haben, kann ich ablesen, wie sie im nächsten Jahr und den darauffolgenden, wenn die Büsche größer sind, aussehen werden: orangefarben, zitronengelb und rosa in den zartesten Schattierungen. An grauen, trüben Tagen ist die Wirkung einfach umwerfend. Im nächsten Herbst werde ich einen richtigen Azaleenwall in einem ziemlich düsteren Winkel vor einer Kiefernreihe anlegen. Meine Teerosen sind voller Knospen, die frühestens in einer Woche aufplatzen werden, daraus schließe ich, wir haben hier nicht die Sorte Klima, in dem sie von den ersten Junitagen an bis November blühen, wie man ihnen nachsagt.

11. Juli. – Seit Pfingstsamstag vor fünf Wochen hat es nicht geregnet, was zum Teil, aber nicht ganz, den Mißerfolg meiner Beete erklärt. Der schwermütige Gärtner wurde bald nach Pfingsten verrückt und mußte in eine Anstalt eingewiesen werden. Er hatte sich angewöhnt, mit dem Spaten in der einen Hand und dem Revolver in der anderen herumzurennen, so fühle er sich sicherer, und wir ertrugen es geduldig, wie es sich für zivilisierte Menschen gehört, welche die jeweiligen Vorurteile des anderen hinnehmen, bis zu dem Tag, an dem ich ihn sanft bat, eine herabhängende Schlingpflanze hochzubinden – seit er mit dem Revolver herumlief, sprach ich nur im allersanftesten Ton mit ihm und unterließ es auch gänzlich, ihm etwas vorzulesen –, und er sich umdrehte und mir zum ersten Mal seit seinem Hiersein direkt ins Gesicht starrte und sagte: »Sehe ich wie Graf X – aus (eine bedeutende Persönlichkeit aus der Nachbarschaft) oder wie ein Affe?« Danach blieb nichts übrig, als ihn so rasch wie möglich in eine Anstalt zu bringen. Es ließ sich lange kein Ersatzgärtner für ihn bekommen, und erst jetzt habe ich wieder einen; so daß wegen der Trockenheit, der Vernachlässigung, der Verrücktheit des Gärtners und meines eigenen Stümperns der Garten in einem traurigen Zustand ist; doch selbst in diesem Zustand bleibt er mir der liebste Ort auf der Welt, und alle meine Fehlschläge stärken nur desto mehr meine Entschlossenheit weiterzumachen.

Die langen Rabatten mit den Rauken sehen furchtbar aus.

Die Pflanzen sind verblüht, und wie es Rauken und Rabauken gleichermaßen ergeht: sie sind zu Stöcken und Stieseln degeneriert; und in diesen Rabatten will und will nichts anderes in diesem Sommer blühen. Die Riesenmohnblumen, die ich im April dort pflanzen ließ, sind entweder eingegangen oder kümmern vor sich hin, und das gilt auch für die Akelei; hier und dort läßt ein Rittersporn unwillig den Kopf hängen, das ist alles. Vermutlich verträgt es der Mohn nicht, wenn er umgesetzt wird, vielleicht hat er auch nach seiner Verpflanzung nicht genügend Wasser bekommen; trotzdem werden morgen in diese Rabatte für das nächste Jahr Mohnblumen gesät; denn Mohn will ich haben, ob's ihm nun paßt oder nicht, und die Pflanzen werden eben nicht angerührt, nur aussortiert.

Es hat doch keinen Zweck, sich zu grämen, denn schließlich verschwindet die ganze Enttäuschung, sobald ich draußen bin, unter den Bäumen sitze und in den gesprenkelten Himmel schaue und den Sonnenschein auf den fernen Kornfeldern in der Ebene sehe, und mir scheint's unmöglich, traurig und unzufrieden zu sein, wenn alles um mich herum so strahlt und freundlich ist.

Heute ist Sonntag, und der Garten ist so ruhig, daß ich, während ich hier in diesem kühlen Winkel sitze und beobachte, wie die trägen Schatten auf dem Gras länger und länger werden, und den streitlustigen Krähen in den Baumwipfeln lausche, fast erwarte, englische Kirchenglocken zu hören, die zur Nachmittagsandacht läuten. Doch die Kirche ist drei Meilen entfernt und hat keine Glocken und keine Nachmittagsandacht. Alle vierzehn Tage gehen wir um elf zum Morgengebet und sitzen auf der Empore in einer Art Privatloge mit einem Hinterraum, in den wir uns, wenn die Predigt zu lang oder unser Fleisch zu schwach ist, unbeobachtet zurückziehen und anhören können, wie der schwarzgewandete Pastor für uns betet. Im Winter ist die Kirche bitterkalt; sie wird nicht geheizt, und wir sitzen in weit mehr Pelze eingehüllt, als wir je im Freien tragen; aber es wäre natürlich sehr frevelhaft für einen Geistlichen, in Pelz zu gehen, egal, wie kalt es auch sein mag, darum zieht er sich unter seinem Ornat eine Menge Extrakleidung an und bauscht sich mit fortschreitendem Winter zu erstaunlichem Umfang auf. Wir wissen infolge der Verschlankung seiner äußeren Gestalt, wenn der Frühling naht. Die Gemeinde sitzt behaglich da, während der Pastor die Gebete für sie spricht, und während sie wiederum die langgezogenen Choräle brummt, zieht er sich in ein Holzgehäuse zurück, das gerade groß genug für ihn ist. Er taucht erst wieder auf, wenn er meint, wir hätten ausreichend gesungen, und wir hören erst auf, wenn sein Erscheinen uns das Zeichen gibt. Ich habe mir oft gedacht, wie furchtbar es wäre, würde er einmal krank in seinem Gehäuse und ließe uns immer weiter singen. Bestimmt würden wir es nicht wagen, jemals aufzuhören, da die Kirche uns nicht dazu ermächtigt hat. Ich habe ihn einmal gefragt, was er denn dadrin mache: er sah bei dieser profanen Frage ganz entgeistert aus und gab eine ausweichende Antwort.

Wäre da nicht der Garten, der deutsche Sonntag wäre ein Schreckenstag; aber an diesem Tag spürt man im Garten ein aufatmendes Seufzen und einen noch tieferen Frieden; niemand, der harkt oder etwas zusammenkehrt oder sonstwie herumwerkelt; nur die kleinen Blumen selbst und die flüsternden Bäume.

Ich bin neulich wieder von Besuchern geplagt worden – nicht beiläufigen, die man loswird, sobald man ihnen pflichtschuldig Tee verabreicht hat und Worte, die man später bedauert, sondern von Leuten, die bei uns gewohnt haben und überhaupt nicht loszuwerden waren. Den ganzen Juni habe ich so verloren, und er war von Anfang bis Ende ein Prachtmonat mit Wärme und Schönheit; aber ein Garten, wo man die Leute trifft, die man beim Frühstück gesehen hat und dann beim Mittag- und Abendessen wiedersieht, ist nicht der Ort, sich glücklich zu fühlen. Außerdem hatten sie es raus, meine

Lieblingsplätze zu entdecken und dort herumzulungern, wenn mir eben selbst danach zumute war; und sie nahmen sich Bücher aus der Bibliothek und ließen sie die Nacht über aufgeschlagen dort draußen liegen, so daß sie ganz taudurchnäßt waren, obwohl sie doch hätten wissen können, daß Labsal für die Rosen für die Bücher Gift ist; und sie gaben mir zu verstehen, daß sie, obläge ihnen die Gestaltung des Gartens, schon längst damit fertig wären – wohingegen ich glaube, daß ein Garten niemals fertig ist. Gottseidank sind jetzt alle wieder weg, außer einer Besucherin, so daß ich eine kleine Verschnaufpause habe, bevor die nächsten ankommen. Der Ort scheint die Neugier der Leute zu wecken, und es muß Sensationswert haben, in einer derart gottverlassenen Gegend zu wohnen, denn ständig waren sie leicht belustigt darüber, daß sie überhaupt hier waren.

Irais ist die einzig Übriggebliebene: eine junge Frau mit einem schönen feinen Gesicht, und ihre Augen mit den geraden klaren Brauen sind besonders liebenswert. Beim Essen dippt sie das Brot ins Salznäpfchen, beißt ein Stück ab und wiederholt die Prozedur, auch wenn die Vorsehung (in meiner Person) dafür gesorgt hat, daß Salzlöffelchen in passenden Abständen plaziert sind. Sie hat heute mittag Schweinskoteletts und Krautsalat mit Kümmelsamen gegessen, dazu Bier getrunken, und jetzt höre ich durch das offene Fenster, wie sie mit reizender, girrender Stimme rührende Melodien improvisiert. Sie ist dünn, zerbrechlich, intelligent und liebenswert, alles bei oben genannter Kost. Bedarf es eines besseren Beweises, um die Überlegenheit der Teutonen zu demonstrieren, als die Tatsache, daß sie nach einer solchen Mahlzeit solche Musik hervorbringen können? Krautsalat ist eine grauenhafte Erfindung, aber unbestritten bleibt seine Brauchbarkeit dafür, Besinnliches hervorzulocken; auch will ich mich nicht darüber beklagen, da er so poetische Ergebnisse zeitigt, genausowenig wie ich mich über den Dünger beklage, der

Rosen gedeihen läßt, und ich setze Irais jeden Tag Krautsalat vor, um sie zum Singen zu animieren. Sie ist die wohlklingendste Sängerin, die ich je gehört habe, und hat die bezaubernde Angewohnheit, sich im Gehen ganze Lieder auszudenken. Sobald sie anfängt, lehne ich mich aus dem Fenster und schaue, während ich ihrer Musik lausche, auf meine kleinen Freunde draußen in den Rabatten und überlasse mich einer angenehmen Traurigkeit und Betrübtheit. Es ist süß, traurig zu sein, wenn man überhaupt keinen Grund dazu hat.

Das Aprilkind kam keuchend zu mir gerannt, als ich das gerade aufgeschrieben hatte, die anderen eilten hinterher, und mit geröteten Wangen zeigte es mir zur Bewunderung drei neugeborene Kätzchen, mager und blind, die sie in ihrer Schürze trug und mutterlos im Holzschuppen gefunden hatte.

»Guck mal«, rief sie atemlos, »ganz, ganz viele!«

Ich war froh, daß es diesmal nur Kätzchen waren, denn das Aprilkind hatte sich schon einmal an diesem Nachmittag, absichtlich, wie sie mir versicherte, zu meinen Füßen ins Gras gesetzt, um über *Gott und die Engels* zu reden, da es Sonntag war und ihr frommes kleines Kindermädchen sich anscheinend über die himmlischen Heerscharen ausgelassen hatte.

Ihre Fragen über *Liebergott* bleiben besser unaufgeschrieben, und ich war erleichtert, als sie von den *Engels* anfing.

»Was haben sie für *dress* an?« fragte sie in ihrem Deutsch-Englisch.

»Du hast sie doch auf Bildern gesehen«, antwortete ich, »in schönen langen Kleidern und mit großen weißen Flügeln.«

»Federn?« fragte sie.

»Ja, vermutlich, und lange Kleider, schneeweiß und schön.«

»Sind sie kleine Mädchen?«

»Mädchen? Hm – ja.«

»Kommen *boys* nicht in den Himmel?«

»Aber natürlich, wenn sie gut sind.«

»Und was haben *sie* an?«

»Na, dasselbe wie die anderen Engel auch, vermute ich.«

»Kleidchen?«

Sie begann zu kichern, dabei sah sie mich von der Seite an, als verdächtige sie mich zu scherzen.

»Was für 'ne komische Mutti!« sagte sie sichtlich sehr belustigt. Sie hat ein herzhaftes kleines Lachen, das äußerst ansteckend wirkt.

»Ich glaube«, sagte ich ernst, »du spielst jetzt besser mit den anderen.«

Sie sagte nichts darauf, blieb eine Weile ruhig dasitzen und beobachtete die Wolken. Ich begann wieder zu schreiben.

»Mutti«, sagte sie mit einem Mal.

»Ja?«

»Woher bekommen die *Engels* ihre Kleidchen?«

Ich zögerte. »Vom lieben Gott«, sagte ich.

»Gibt es *shops* im Himmel?«

»Geschäfte? Nein.«

»Aber wo kauft dann *Liebergott* ihre Kleidchen?«

»Jetzt troll dich wie ein liebes Kind; ich hab zu tun.«

»Aber gestern, als ich vom *Liebergott* hören wollte, hast du gesagt, du erzählst mir am Sonntag von *Ihm*, und heute *ist* Sonntag. Erzähl mir eine Geschichte von *Ihm*.«

Mir blieb nichts übrig, als nachzugeben, darum legte ich den Bleistift mit einem Seufzer beiseite. »Dann ruf die anderen.«

Sie rannte davon, und sofort erschienen sie alle drei hintereinander aus den Büschen und versuchten alle gleichzeitig auf mein Knie zu klettern. Das Aprilkind eroberte den Platz, wie sie anscheinend alles bekommt, und die beiden anderen mußten sich ins Gras setzen.

Ich begann mit Hinblick auf künftige geistliche Unterweisung bei Adam und Eva. Die Augen des Aprilkindes wurden groß und größer, ihr Gesicht rot und röter. Mich überraschte, in welch atemlose Spannung die Geschichte sie versetzte – die anderen zwei rissen Grasbüschel aus und hörten kaum zu. Ich war eben erst bei den Cherubim mit dem Flammenschwert angelangt und verkündete, das sei alles, als sie herausplatzte: »Jetzt erzähl *ich* dir's. Es war einmal ein Junge, Adam, und ein Mädchen, Eva, und sie hatten eine *Menge* Kleider, und es gab *keine* Schlange, und Liebergott war *nicht* wütend auf sie, und sie durften *so viele* Äpfel essen, wie sie wollten, und waren glücklich für alle Zeit – *so* war das!«

Sie begann herausfordernd auf meinen Knien auf und ab zu wippen.

»Aber das ist nicht die Geschichte«, sagte ich ziemlich hilflos.

»Doch, doch! Sie ist viel, viel schöner! Und jetzt eine neue.«

»Aber diese Geschichten sind *wahr*«, sagte ich streng; »und es hat keinen Zweck, daß ich sie dir erzähle, wenn du sie danach so veränderst, wie du es magst.«

»Noch eine, noch eine!« schrie sie laut und wippte mit verdoppelter Kraft auf meinem Schoß, und ihre Silberlocken flogen.

Ich begann mit Noah und der Flut.

»Hat es wirklich so *bös* geregnet?« fragte sie mit der Miene größter Besorgnis und Teilnahme.

»Ja, den ganzen Tag lang und die ganze Nacht, Wochen um Wochen...«

»Und sind alle so naß geworden?«

»Ja...«

»Warum haben sie denn nicht den *umbeller* aufgemacht?«

Gerade in dem Augenblick sah ich das Kindermädchen mit dem Teetablett herauskommen.

»Ich erzähle euch den Rest ein andermal«, sagte ich und hob sie erleichtert von meinem Schoß; »ihr geht jetzt alle zu Anna und trinkt Tee.«

»Ich mag Anna nicht«, bemerkte das Junikind, das bis dahin

den Mund nicht aufgemacht hatte; »sie ist ein dummes Mädchen.«

Die beiden anderen erstarrten bei diesen Worten vor Entsetzen, denn sie waren nicht nur von Natur aus äußerst höflich und stets darauf bedacht, nie andrer Leute Gefühle zu verletzen, man hatte ihnen auch anerzogen, ihr kleines freundliches Kindermädchen gernzuhaben und zu achten.

Das Aprilkind fand als erstes die Sprache wieder, und mit erhobenem Zeigefinger wies sie in gerechter Entrüstung auf die Missetäterin hin. »*Such a* Kind wird *never* in den Himmel kommen«, sagte sie mit großem Nachdruck und der Miene eines Richters, der ein Urteil verkündet.

15. September. – Dies ist der Monat der stillen Tage, des karmesinroten wilden Weins und der Brombeeren, der heiteren Nachmittage im reifenden Garten, des Teetrinkens unter Akazien statt unter allzu schattigen Buchen, des Holzfeuers in der Bibliothek an frostigen Abenden. Die Kinder gehen nachmittags ins Freie und pflücken Brombeeren von den Sträuchern, die drei Kätzchen, inzwischen groß und wohlgenährt, sitzen auf der sonnigen Verandatreppe und putzen sich; der Grimmige schießt jenseits der fernen Stoppelfelder Rebhühner; und der Sommer scheint für alle Zeit weiterträumen zu wollen. Es ist so schwer, sich vorzustellen, daß wir in drei Monaten wahrscheinlich eingeschneit sein werden und sicherlich frieren. Dieser Monat hat etwas an sich, das mich an den März erinnert und an frühe Apriltage, wenn der Frühling noch zögernd auf der Schwelle steht und der Garten erwartungsvoll den Atem anhält. Die gleiche Milde ist in der Luft, und der Himmel und das Gras haben das gleiche Aussehen; nur das Laub erzählt eine andere Geschichte, und der sich rötende wilde Wein am Haus nähert sich rasch seiner letzten und schönsten Prachtentfaltung.

Meine Rosen haben sich im ganzen so verhalten, wie zu

erwarten war, und die Vicomtesse Folkestones und Laurette Messimys haben herrlich geblüht, letztere waren bei weitem das Schönste im Garten, jede Blüte aufs feinste locker zusammengesetzt aus einzelnen korallenrötlichen Blütenblättern, die nach innen hin zu einem Weißgelb verblassen. Ich habe hundert Rosenbäumchen bestellt, um sie im nächsten Monat einzupflanzen, die Hälfte davon Vicomtesse Folkestones, weil die Teerosen die Angewohnheit haben, ihre Köpfchen zu senken, so daß man sich niederknien muß, um sie in ihrer Zwerggröße richtig anschauen zu können – nicht, als ob es mir mißfiele, daß man das Knie vor solch vollkommener Schönheit beugt, nur macht man sich dabei die Kleidung dreckig. Ich werde darum Rosenbäumchen beiderseits des Wegs unter den Südfenstern setzen und somit die Blumen in passender Höhe zur Huldigung haben. Ich fürchte nur, daß sie den Winter weniger gut überstehen als die Zwergsorten, da es so schwierig ist, sie fachgerecht abzudecken. Das Persisch-Gelb und die Bicolors sind, wie ich es vorausgesagt habe, ein Mißerfolg zwischen den Teerosen gewesen; sie blühen nur zweimal in der Saison, und in der übrigen Zeit sehen sie gelangweilt und trist aus; hinzu kommt, daß das Persisch-Gelb einen solch unangenehmen Duft hat und von unzähligen Insekten von innen her aufgefressen wird. Ich habe sie durch Safrano-Teerosen ersetzen lassen, da diese im nächsten Monat aufblühen werden und grüppchenweise in den Rasen gesetzt werden sollen, und weil sich der Halbkreis unmittelbar vor den Fenstern befindet und zudem den besten Standort hier bietet, muß er ausschließlich meinen ganz besonderen Kostbarkeiten vorbehalten bleiben. Ich habe zahlreiche Enttäuschungen erlebt, aber ich habe das Gefühl, als lernte ich jetzt wirklich dazu. Demut und größte Beharrlichkeit scheinen fast genauso notwendig beim Gärtnern wie Regen und Sonnenschein, und jedes Mißlingen muß als Sprungbrett für Erfolgversprechenderes dienen.

Ich hatte letzte Woche einen Besucher hier, der eine Menge

vom Gärtnern versteht und viel praktische Erfahrung hat. Als ich hörte, daß er kommt, hatte ich das Bedürfnis, meinen Garten mit den Armen zu umschließen und ihn vor ihm zu verbergen; doch wie groß waren meine Überraschung und mein Entzücken, als er nach einem Rundgang sagte: »Ich finde, Sie haben Wunder vollbracht!« Mein Gott, wie habe ich mich gefreut! Es kam so völlig unerwartet und war etwas ganz Neues nach all den Bemerkungen, die ich mir im Sommer anhören mußte. Ich hätte diesen einsichtsvollen und nachsichtigen Kritiker umarmen können, der es vermochte, über das Ergebnis hinweg auf die Absicht zu sehen und die vielfältigen Schwierigkeiten zu berücksichtigen, die der Verwirklichung im Weg standen. Danach schüttete ich ihm mein Herz aus und lauschte ehrerbietig allem, was er zu sagen hatte, und hütete seine freundlichen und ermutigenden Ratschläge wie einen Schatz und wünschte mir, er könnte ein ganzes Jahr lang dableiben und mir in den einzelnen Jahreszeiten beistehen. Aber er verschwand, wie es die Menschen immer tun, die man mag, und er war der einzige Gast, dessen Abreise mich traurig machte.

Die Menschen, die ich liebe, sind immer woanders und nicht in der Lage, zu mir zu kommen, wohingegen ich das Haus jederzeit mit Besuchern füllen kann, die ich nur wenig kenne, geschweige denn gern habe. Sähe ich mehr von jenen Abwesenden, vielleicht stünden sie dann nicht so hoch in meiner Gunst – zumindest denke ich das an regnerischen Tagen, wenn der Wind ums Haus heult und die Natur in Gram versinkt; und tatsächlich ist es schon mal passiert, daß gute Freunde zu Besuch da waren und ich mir beim Abschied gewünscht habe, sie nicht vor zehn Jahren wiederzusehen. Vermutlich stimmt es, daß keine Freundschaft die Frühstücksprobe bestehen kann, und hier auf dem Land halten wir es für eine unerläßliche Pflicht, beim Frühstück zu erscheinen. Die Zivilisation hat zwar die Papierlockenwickler abgeschafft, zu besagter Stunde ist aber die Seele der Hausfrau ebenso fest in ihnen eingedreht wie einst das Haar ihrer Großmutter; und wenn sich auch mein Körper rein mechanisch zum Frühstückstisch begibt, von förmlichkeitwahrenden Eltern dazu erzogen, denkt doch meine Seele nie daran, vor Mittag für andere Menschen aufzuwachen, und das auch erst richtig, wenn sie Luft und Sonnenschein verspürt hat. Wer kann schon gleich am Morgen mit konventioneller Liebenswürdigkeit aufwarten? Es ist dies die Stunde der wilden Instinkte und naturgegebenen Neigungen: der Triumph der *Mürrischkeit* und *üblen Laune*. Ich bin davon überzeugt, daß die Musen und Grazien niemals daran gedacht haben, anderswo als im Bett zu frühstücken.

10. November. – Letzte Nacht hatten wir 7 Grad minus, und als erstes ging ich am Morgen nach draußen, um zu sehen, was aus den Teerosen geworden war, und siehe da, sie waren hellwach und putzmunter – zwar mit Rauhreif bedeckt, aber alles andere als schwarz und verkümmert. Selbst die Blumen in den Kästen beiderseits der Verandatreppe waren quicklebendig und voller Knospen, und besonders die Bouquet d'Or strotzt nur so von Knospen und würde bei der kleinsten Ermutigung aufblühen. Allmählich glaube ich, daß man die Empfindlichkeit der Teerosen doch stark übertreibt, und ich bin heilfroh über meinen Mut, es mit ihnen in diesem nördlichen Garten zu versuchen. Allerdings darf ich die Vorsehung nicht allzusehr herausfordern und habe darum diese Blumenkästen zum Überwintern ins Gewächshaus stellen lassen in der Hoffnung, daß sich die Bouquet d'Or auf ihrem sonnigen Platz dicht hinter der Scheibe vielleicht dazu verleiten läßt, einige Knospen zu öffnen. Das Gewächshaus dient nur als Zufluchtsstätte, und seine Temperatur ist stets gerade über dem Gefrierpunkt; es ist ausschließlich solchen Pflanzen vorbehalten, die den strengsten Winter nicht im Freien überstehen können. Ich gebrauche das Gewächshaus nicht, um etwas hochzuziehen, weil ich

Pflanzenzeug nicht mag, das den Garten nur drei oder vier Monate im Jahr verträgt, ansonsten Gutzureden und Hätscheln erfordert. Gebt mir einen Garten voller robuster, gesunder Geschöpfe, die Rauheit und Kälte überstehen können, ohne gleich klein beizugeben und einzugehen. Ich habe nie eine schwächliche Konstitution für etwas Hübsches halten können, weder bei Pflanzen noch bei Frauen. Zweifellos lassen sich viele liebliche Blumen durch Treibhaushitze und stetes Hätscheln heranziehen, andererseits kann man jede von ihnen durch fünfzig andere noch lieblichere ersetzen, die dankbar in Gottes gesunder Luft wachsen und dafür mit viel intensiverem Duft und leuchtenderer Farbe gesegnet sind.

Wir haben bis jetzt daran gearbeitet, die Dauerbeete in Ordnung zu bringen und die neuen Teerosen auszupflanzen, und ich sehe trotz meiner Fehlschläge viel zuversichtlicher als je zuvor dem nächsten Sommer entgegen. Ich wünschte mir, die Jahre vergingen rascher, die meinen Garten vollenden! Das Persisch-Gelb hat sein neues Quartier bezogen, und auf seinem Platz steht jetzt die Safrano-Rose; alle Rosenrabatten sind mit einem Teppich aus Stiefmütterchen ausgelegt, die im Juli gesät und im Oktober umgepflanzt worden sind, jede Rabatte hat ihre eigene Farbe. Die purpurnen Stiefmütterchen sind am reizendsten und passen gut zu jeder Rosenart, aber zu der Laurette Messimy habe ich weiße gewählt und gelbe zu den Safrano-Rosen, und im großen roten Rosenbeet in der Mitte eine neue rote Sorte. Um den Halbkreis herum sind an der Südseite der kleinen Ligusterhecke zwei Reihen mit einjährigem Rittersporn in all seinen zarten Schattierungen gesät, und dicht dahinter befindet sich auf dem Rasen ein Halbkreis mit Teerosenbäumchen und anderen hochstämmigen Rosen. Die langen Beete vor dem Haus tragen Rittersporn, einjährigen und perennierenden, Akelei, Riesenmohn, Nelken, Madonnenlilien, Goldlack, Stockrosen, winterharten Phlox, Pfingstrosen, Lavendel, Astern, Kornblumen, Lichtnelken, und Blumenzwiebeln stecken, wo immer sie gerade hinpassen. Das sind die Beete, die von anderen Gärtnern kaum genutzt worden sind. Die Frühlingskästen für die Verandatreppe sind mit rosafarbenen, weißen und gelben Tulpenzwiebeln bestückt. Ich liebe Tulpen mehr als alle andern Frühlingsblumen; sie sind das Inbild munterer Heiterkeit und graziler Anmut, und neben einer Hyazinthe sieht eine Tulpe aus wie ein gesundes, frisch gebadetes junges Mädchen an der Seite einer gesetzten Dame, die mit jeder Bewegung die Luft mit Patchouli schwängert. Ihr zart-dezenter Duft ist Raffinement par excellence; und gibt es etwas Anmutigeres als die Lebhaftigkeit, mit der sie ihr Gesichtchen zur Sonne hochhebt? Wie ich höre, hält man sie für dreist und prunkend, auf mich wirken sie aber nur bescheiden anmutig, allerdings immer erpicht, das Leben soviel wie möglich zu genießen, und dabei sehen sie der Sonne oder sonst einer höheren Macht furchtlos ins Auge. Auf dem Rasen gibt es zwei Tulpenbeete, ausgelegt mit einem Kissen aus Vergißmeinnicht; und überall verstreut Büschel von Osterglocken und Narzissen. An den Wegen mit den Wildsträuchern werden hoffentlich Fingerhut und Königskerzen majestätisch leuchten; und eine schattige Ecke, die von einer Kieferngruppe geschützt ist, hat die Gunst von Madonnenlilien, weißem Fingerhut und Akelei. In einer fernen Lichtung habe ich um eine einsam in der Sonne stehende Eiche einen Frühlingsgarten angelegt: Grüppchen von Krokussen, Osterglocken, Narzissen, Hyazinthen und Tulpen zwischen solch blühenden Stauden und Zierbäumen wie *Pirus Malus spectabilis, floribunda* und *coronaria; Prunus Juliana,* Weichselkirsche, *Prunus serotina,* Mandelbäumchen und Pissardi; Quitten und Weigelien in allen Farben und verschiedene Weißdornsorten und sonstige Maischönheiten. Wenn das Wetter mitspielt und wir zur rechten Zeit milde Regenschauer haben, stelle ich mir dieses Plätzchen wunderschön vor – aber wie wichtig ist dabei das Wörtchen ›wenn‹. Dürre ist unser Erzfeind, und in den beiden letzten Sommern herrschte je fünf Wochen lang sengende, wolkenlose Hitze, so daß alle Gräben austrockneten und der Boden wie festgebacken war. In solchen Zeiten geht das Bewässern natürlich weit über die Kräfte von zwei Männern; doch da der Garten ein Ort ist, wo man sich glücklich fühlen soll, und nicht ein Ort, wo man allenthalben einem Dutzend neugieriger Blicke begegnen möchte, will ich mich mit diesen beiden begnügen, vielmehr mit anderthalb: der Gehilfe folgt wie der Storch seinem Wandertrieb und zieht im Herbst in seine russische Heimat, um mit den ersten Frühlingswinden zurückzukehren. Ich möchte ihn gern den Winter über hier halten, da es selbst in dieser Zeit soviel zu tun gibt, und neulich habe ich deshalb bei ihm auf den Busch geklopft. Er ist das jämmerlichste Geschöpf: er hinkt und ist mit einer abscheulichen Augenkrankheit geschlagen, aber ein tüchtiger Arbeiter, der sich unermüdlich von frühmorgens bis zum Dunkelwerden abrackert.

»Hören Sie, guter Storch«, sagte ich und versuchte mich in meinem einnehmendsten Deutsch. »Warum bleiben Sie nicht ganz hier, statt heimzureisen und alles, was Sie verdient haben, draufzumachen?«

»Ich würde ja bleiben«, antwortete er, »aber meine Frau ist in Rußland.«

»Ihre Frau!« rief ich töricht in meiner Überraschung aus, daß diese arme deformierte Kreatur nicht unbeweibt geblieben war – als gäbe es in dieser Welt nicht noch für jeden Topf einen Deckel –, »ich habe gar nicht gewußt, daß Sie verheiratet sind.«

»Doch, und ich habe zwei kleine Kinder, und ich weiß nicht, was mit ihnen geschehen würde, wenn ich nicht nach Hause käme. Aber die Reise nach Rußland ist sehr teuer und kostet mich jedesmal sieben Mark!«

»Sieben Mark!«

»Ja, eine Menge Geld.«

Ich fragte mich, ob ich für sieben Mark bis nach Rußland kommen könnte, angenommen, mich überfiele plötzlich der übermächtige Drang, dorthin zu fahren.

Die Leute, die hier auf dem Gut von März bis Dezember arbeiten, sind lauter Russen und Polen oder eine Mischung von beidem. Wir schicken einen Mann hinüber, der ihre Sprache spricht, um so viele wie möglich früh im Jahr einzustellen, und sie kommen mit ihren Bündeln an, Männer, Frauen und Kleinkinder, und sobald sie hier sind und ihr Fahrgeld ausgezahlt bekommen haben, verschwinden sie in der Nacht, wenn sich die Gelegenheit bietet, manchmal fünfzig auf einen Schlag, um einzeln oder paarweise für die Bauern zu arbeiten, die ihnen ein oder zwei Pfennig pro Tag mehr als wir zahlen und sie mit der Familie essen lassen. Von uns bekommen sie anderthalb bis zwei Mark am Tag und so viele Kartoffeln, wie sie essen können. Die Frauen erhalten weniger, nicht weil sie weniger arbeiten, sondern weil sie Frauen sind und nicht ermutigt werden dürfen. Der Aufseher wohnt bei ihnen und hat einen geladenen Revolver in der Tasche und einen scharfen Hund an der Seite. In der ersten und zweiten Woche nach ihrer Ankunft bewachen Förster und sonstige Amtspersonen nachts ihre Unterkünfte. Ich glaube, sie halten das für eine dröge Tätigkeit, die sie im Halbschlaf ausüben können, denn Frühling für Frühling passiert mit Gewißheit dasselbe, trotz all unserer Vorsichtsmaßnahmen entwischen fünfzig der Arbeiter, und wir stehen da mit offenem Mund und reichlich leeren Taschen. In diesem Frühjahr kamen sie aus irgendeinem Versehen ohne ihre Bündel hier an, die unterwegs verloren gegangen sein müssen, und da sie in ihren besten Kleidern reisten, weigerten sie sich strikt zu arbeiten, bevor nicht ihr Gepäck auftauchte. Fast eine Woche verging mit Warten, sehr zur Verzweiflung der Aufsichtspersonen.

Und keine Überredungskunst vermag es, sie an Heiligenfesten zum Arbeiten zu bewegen, und niemals war eine Kirche so voll wie die Russische Kirche. Im Frühling, wo jede Stunde zählt, ist die Feldarbeit ständig durch diese Heiligenfeste unterbrochen, und die Arbeiter liegen den lieben langen Tag schlafend in der Sonne im angenehmen Bewußtsein, sich selbst und gleichzeitig auch die Kirche zufriedenzustellen – ein Zustand der Vollkommenheit, so selten wie wünschenswert. Die Vernunft, welcher der Glaube nicht auf die Sprünge hilft, ist über diese Verschwendung kostbarer Zeit natürlich erbost, und ich gebe zu, daß ich in den ersten milden Tagen nach dem langen Winterfrost, wenn es möglich ist, das Land zu bebauen, mit der Düsterkeit des Grimmigen sympathisiert habe, der mit zwei oder drei unnützen Tagen in der Woche rechnen muß, an denen niemand arbeiten will, und mir kommentarlos seine Bemerkungen über die fernen russischen Heiligen angehört habe.

Vermutlich war es meine eigene Überzivilisiertheit, daß ich diese Menschen, als ich das erste Mal unter ihnen wohnte, bemitleidete. Sie hausen wie Tiere zusammengepfercht und verrichten die Arbeit von Tieren; doch trotz des bewaffneten Aufsehers, des Drecks und der Lumpen, der Kartoffelmahlzeiten, die mit verdünntem Weinessig hinuntergespült werden, glaube ich allmählich, sie würden heftig gegen Seife protestieren, und sicherlich wollten sie keine neuen Kleider, und ich höre, wie sie bei Einbruch der Dunkelheit singend nach Hause kommen. Sie sind wie kleine Kinder oder Tiere in ihrer Unfähigkeit, sich eine Vorstellung von ihrer Zukunft zu machen; und schließlich, wenn man den ganzen Tag in Gottes Sonne gearbeitet hat und der Abend kommt, ist man angenehm erschöpft und ruhebedürftig und nicht eben geneigt, mit seinem Schicksal zu hadern. Noch bin ich aber nicht davon überzeugt, daß die Frauen glücklich sind. Sie müssen ebenso hart wie die Männer arbeiten und bekommen weniger dafür; sie müssen Kinder in die Welt setzen, egal wann – ohne Rücksicht auf die Jahreszeit und auf die Umstände; sie müssen das

Gebären so schnell wie möglich hinter sich bringen, damit sie nicht ungebührlich die gerade verrichtete Arbeit unterbrechen; niemand hilft ihnen, beachtet sie oder kümmert sich um sie, am wenigsten der eigene Mann. Es ist ganz normal, sie am Morgen in den Feldern bei der Arbeit zu sehen und dann wieder am Nachmittag, nachdem sie in der Zwischenzeit geboren haben. Das Baby bleibt bei einer alten Frau, deren Aufgabe es ist, sich um sämtliche Säuglinge zu kümmern. Als ich mein Entsetzen ausdrückte, daß die armen Geschöpfe unmittelbar danach wieder arbeiteten, als wäre nichts passiert, erklärte mir der Grimmige, daß sie nicht darunter litten, da sie nie ein Korsett getragen hätten, genausowenig wie ihre Mütter und Großmütter. Wir ritten zusammen und waren gerade an einem Trupp von Arbeitern vorbeigekommen und mein Mann sprach noch mit dem Aufseher, als eine einzelne Frau erschien, einen Spaten nahm und zu graben begann. Sie lächelte uns fröhlich an, während sie knickste, und der Aufseher machte die Bemerkung, sie sei soeben daheim gewesen und habe ein Kind zur Welt gebracht.

»Arme, *arme* Frau!« rief ich aus, als wir weiterritten, mit unerklärlich tiefem Groll gegen den Grimmigen. »Und ihrem Lump von Mann ist das völlig egal, bestimmt schlägt er sie heute abend, wenn ihm das Essen nicht schmeckt. Was für ein Unfug, über die Gleichheit der Geschlechter zu reden, solange die Frauen die Kinder bekommen!«

»Ganz recht, Liebes«, antwortete der Grimmige mit herablassendem Lächeln. »Du triffst genau den Kern der Sache. Indem die Natur der Frau diese angenehme Pflicht aufbürdet, schwächt sie sie und macht sie unfähig für jeden ernsthaften Wettbewerb mit dem Mann. Wie kann eine Person, die regelmäßig ein Jahr ihrer besten Lebenszeit verliert, mit einem jungen Mann konkurrieren, der überhaupt nie Zeit verliert? Sein ist die rohe Gewalt, und sein letztes Wort bei irgendeiner Sache könnte immer seine Faust sein.«

Ich sagte nichts. Es war ein trüber, grauer Nachmittag Anfang November, und die Blätter fielen langsam und lautlos vor die Füße unserer Pferde, als wir in Richtung Hirschwald ritten.

»Es ist«, fuhr der Grimmige fort, »eine allgemein verbreitete Sitte bei diesen Russen und ich glaube auch sonst überall bei den unteren Klassen – und sicherlich empfehlenswert wegen der Einfachheit der Prozedur –, Protest und Begehren einer Frau zum Schweigen zu bringen, indem man sie einfach niederschlägt. Ich habe mir sagen lassen, daß diese dem Anschein nach brutale Handlung keineswegs die aufreizende Wirkung hat, wie zartbesaitete Seelen annehmen könnten, und daß die Patientin sich so rasch und vollständig beruhigt, ja zufriedengibt, wie man es durch andere, höflichere Methoden niemals erreicht. Glaubst du etwa«, redete er weiter und hieb im Vorbeireiten mit seiner Peitsche einen Zweig ab, »daß der intelligente Ehemann, der sich intelligent mit den wirren Wünschen seiner intelligenten Frau abmüht, je das gewünschte Ergebnis erzielt? Mag er sich noch so bis zur Erschöpfung mühen, nie wird er ihr auch nur im geringsten ihre eigene Torheit bewußt machen können; wohingegen sein Gefährte im zerlumpten Aufzug das Ganze schneller erledigt, als ich brauche, um darüber zu reden. Zweifellos erfüllen diese armen Frauen ihre Berufung in weit höherem Maße als die Frauen unserer Klasse, und da das wahrhafte Glück darin besteht, die eigene Berufung möglichst rasch zu erkennen und ihr ein Leben lang zu folgen, meine ich, sie sind wohl eher zu beneiden, da sie früh durch die Unmöglichkeit, sich mit männlicher Muskelkraft zu messen, die Ohnmacht weiblicher Anstrengung und die Segnungen des Zufriedenseins erfahren haben.«

»Bitte sprich weiter«, sagte ich höflich.

»Diese Frauen nehmen ihre Schläge hin mit einer Bescheidenheit, die ausgesprochenes Lob verdient; und weit davon entfernt, gekränkt zu sein, bewundern sie die Kraft und Energie desjenigen, der solch beredten Tadel erteilen kann. In Rußland *darf* ein Mann seine Frau nicht nur schlagen, sondern es ist im Katechismus vorgeschrieben, und alle Jungen lernen im Konfirmandenunterricht, daß Schlagen mindestens einmal die Woche notwendig für das Allgemeinbefinden und das Glück der Frau sei, gleichgültig, ob sie etwas verbrochen hat oder nicht.«

Ich fürchte bei dem Grimmigen eine Neigung feststellen zu müssen, sich an diesen Züchtigungen zu weiden.

»Bitte, mein Lieber«, sagte ich und zeigte mit der Peitsche in die Richtung, »schau dir das dünne Möndchen an, wie es uns so unschuldig jenseits des Nebelstreifens genau hinter der Sandbirke anguckt, und rede nicht soviel über Frauen und Dinge, von denen du nichts verstehst. Was hat es denn für einen Zweck, daß du dich über Fäuste, Peitschen, Muskelkraft und all das Schreckliche ausläßt, das nur ersonnen worden ist, um widerspenstige Frauen zu verwirren? Du weißt, du bist ein zivilisierter Ehemann, und ein zivilisierter Ehemann ist ein Wesen, das aufgehört hat, Mann zu sein.«

»Und eine zivilisierte Frau?« fragte er, wobei er sein Pferd an meins drängte und den Arm um meine Taille legte, »ist wohl keine Frau mehr?«

»Aber gewiß doch – sie ist eine Göttin, und man kann sie gar nicht genug anbeten und verehren.«

»Mir scheint«, sagte er, »daß das Gespräch persönlich wird.«

Ich ritt im leichten Galopp davon über die niedrige, feuchte Grasnarbe. Der Hirschwald ist an einem solchen Abend ganz verzaubert, wenn die Nebel dicht über dem Gras lagern und sich oben die zarten, nackten Äste der silbrigen Birken deutlich gegen den mattgetönten Himmel abheben, während das Möndchen freundlich auf die nasse Novemberwelt hinunterblickt. Wo die Bäume sich zum Wald verdichten, erfüllt mich der durch Pferdehufe aufgewirbelte Geruch feuchter Erde und vermodernden Laubs mit Wonne. Ich liebe diesen Geruch ganz besonders – er beschwört für mich die uneingeschränkte Güte der Natur, die für immer Tod und Verfall, so beklagenswert an sich, zu neuem Leben und neuer Herrlichkeit formt, dieweil sie süße Düfte nach oben schickt.

7. Dezember. – Ich war in England. Ich wollte mindestens einen Monat dort bleiben, verbrachte eine Woche im Nebel und wurde im Sturm wieder heimgeweht. Zweimal bin ich vor dem Nebel aufs Land geflohen, um Freunde mit Garten zu besuchen, aber es regnete ständig, und außer dem schönen Rasen (unerreichbar im *Vaterland*) und den unbegrenzten Möglichkeiten gab es nichts, was den intelligenten und gartenliebenden Fremden interessieren konnte, und zwar aus dem einfachen Grund, weil unterm Regenschirm das Interesse an Gärten schwindet. Darum kehrte ich in den Nebel zurück, und nachdem ich noch weitere Tage im Nebel herumgeirrt war, begann ich mich unmäßig nach Deutschland zu sehnen. Ich war kaum losgefahren, als plötzlich ein fürchterlicher Sturm aufkam, und die Reise über See und Land hatte auch sonst ihre großen Schrecken; die Züge in Deutschland sind derart überheizt, daß man unmöglich ruhig sitzen bleiben kann, ständig drängen starke Hitzewellen unter den Kissen hoch, und die Kissen sind ohnehin schon sehr heiß und der unglückliche Reisende noch erhitzter.

Aber als ich mein Zuhause erreichte und aus dem Zug in die reinste und glänzendste Schneestimmung stieg, da war die Luft so still, als ob die ganze Welt lauschte, der Himmel wolkenlos, der knisternde Schnee funkelte unter dem Fuß und auf den Bäumen, und ich sah die wartende Schar von drei glücklich strahlenden Kindern und war für all meine Qual entschädigt und erinnerte mich ihrer nur noch, um mich zu fragen, warum ich überhaupt verreist war.

Alle Kleinen hielten in der einen Hand ein Kätzchen und in der anderen einen eleganten Strauß aus Kiefernnadeln und Gräsern, und da die Sträuße feierlich überreicht werden mußten und die Kätzchen herumzappelten, war es mit dem Umarmen und Küssen nicht ganz so leicht. Kätzchen, Sträuße und Kindchen wurden alle irgendwie in den Schlitten gezwängt, und los ging's mit Glöckchengeläut und Freudenjauchzern.

»Kaum kommst du heim, wird es *funnig* hier«, sagte das Maikind, das dicht neben mir saß. »Wie der Schnee schnurrt!« rief das Aprilkind aus, als die Pferdehufe darauf knirschten. Das Junikind sang lauthals: *»Der Liebesfürst mein Hirte ist«* und schwenkte ihr Kätzchen am Schwanz herum, um den Takt zu betonen.

Das Haus, halb unterm Schnee begraben, sah wie das Inbild des Friedens aus; und ich rannte durch alle Räume, begierig darauf, sie wieder in Besitz zu nehmen, und im Gefühl, als wäre ich eine Ewigkeit fortgewesen. Bei der Bibliothek hielt ich inne – ah, das vertraute Zimmer, welch glückliche Zeiten hatte ich dort verbracht, in den Büchern zu stöbern, Pläne für meinen Garten zu machen, Luftschlösser zu bauen, zu schreiben, zu träumen, nichts zu tun! Ein mächtiges Torffeuer loderte den halben Kamin hoch, und die alte Wirtschafterin hatte Blumentöpfe hingestellt, und auf dem Schreibtisch stand ein großer Strauß Veilchen und erfüllte das Zimmer mit Wohlgeruch. »Oh, wie *gut* ist es, wieder daheim zu sein!« seufzte ich wohlig. Die Kinder hingen an meinem Knie und schauten mit Augen voller Liebe zu mir auf. Draußen blendender Schnee und Sonnenschein, drinnen der helle Raum und die glücklichen Gesichter – ich dachte an jene gelbe Nebel und schauderte.

Der Grimmige benutzt die Bibliothek nicht; sie ist neutrales Terrain, auf dem wir uns abends für eine Stunde treffen, bevor er sich in seine Gemächer zurückzieht – eine Reihe stark verräucherter Höhlen in der Südostecke des Hauses. Sie sieht, fürchte ich, viel zu heiter für eine ideale Bibliothek aus; und ihr Farbton, weiß und gelb, wirkt mit seiner Munterkeit fast frivol. An allen Wänden stehen weiße Bücherregale, und es gibt einen großen Kamin und vier Fenster, die genau nach Süden gehen und auf mein liebstes Stück Garten blicken: das Stück rings um die Sonnenuhr; mit so viel Farbe und mit solch riesigem Feuer und mit solchen Fluten von Sonnenlicht hat sie trotz der vielen ehrwürdigen Bände in den Regalen gar nichts Nüchternes an sich. Es würde mich gar nicht überraschen, wenn sie von ihren Plätzen herabsprängen und mit geschürzten Blättern zu tanzen anfingen.

Mit diesem Zimmer zum Leben kann ich völlig gelassen dem Einschneien entgegensehen, egal wann die Vorsehung das für angemessen hält; und der Gang in den verschneiten Garten hinaus wirkt wie ein Reinigungsbad. Der erste Atemzug beim Öffnen der Tür ist so unbeschreiblich rein, daß ich nach Luft ringen muß und mir wie etwas Schwarzes, Sündiges in all dieser Makellosigkeit vorkomme. Gestern saß ich den ganzen Nachmittag draußen bei der Sonnenuhr, das Thermometer zeigte viele Grade unter dem Gefrierpunkt, und bis es wieder den Weg nach oben findet, wird's Wochen dauern; aber da war kein Wind, nur herrlicher Sonnenschein, und ich war wohlverpackt in Pelze. Ich ließ mir sogar zum Erstaunen der Dienstboten den Tee hinausbringen, und lange nach Sonnenuntergang saß ich noch dort und genoß die frostige Luft. Ich mußte den Tee eiligst trinken, er wäre sonst gefroren. Nach Sonnenuntergang kehrten die Krähen mit Getöse und Geflatter zu ihren Nestern im Garten zurück und ließen sich erst nach vielem Zaudern und Gezanke auf ihre jeweiligen Bäume nieder. Sie flogen zu Hunderten mit mächtigem Flügelschlag über meinen Kopf hinweg, und nachdem sie es sich bequem gemacht hatten, senkte sich tiefe Stille auf den Garten, und das Haus glich jetzt mit seinem weißen Dach gegen das klare Blaßgrün des westlichen Himmels und dem Schein des Lampenlichts in den Fenstern einer Weihnachtskarte.

Ich hatte in den Pausen zwischen meinem Herumschauen und Glücklichsein in der Luther-Biographie gelesen, die mir unser Pastor geliehen hat. Er kam eines Tages mit dem Buch vorbei und bat mich, es zu lesen, da er entdeckt hatte, daß mein Interesse an Luther nicht so lebhaft war, wie es eigentlich sein sollte; darum nahm ich es mit in den Garten, denn das langweiligste Buch bekommt so etwas wie seligmachende Gnade, wenn es im Freien gelesen wird, genau wie ein Butterbrot, das in einem Salon bar jeder Verlockung ist, unter einem Baum gegessen, Ambrosia ist. Ich las den ganzen Nachmittag im Luther, hielt nur inne, um das Auge an Garten und Himmel zu laben, und spürte große Dankbarkeit im Herzen. Seine Kämpfe mit den Teufeln erstaunten mich, und ich fragte mich, ob ihn ein Tag wie dieser, voll Gnade und Sündenvergebung, niemals so beeindruckt hat, daß er sogar Teufeln gegenüber Erbarmen fühlte. Doch offensichtlich erlaubte er sich selbst nie, einfach nur glücklich zu sein. Er war ein wunderbarer Mensch, aber Gott sei Dank war ich nicht seine Frau.

Unser Pastor ist eine interessante Person und unermüdlich bestrebt, sich zu vervollkommnen. Er und seine Frau studieren in jedem freien Augenblick, und angeblich rührt sie den Pudding mit der einen Hand und hält in der anderen die Lateingrammatik, wobei letztere natürlich die größere Aufmerksamkeit bekommt. Für die meisten deutschen Hausfrauen sind die Mahlzeiten und insbesondere der Pudding von größter Bedeutung, und sie rühmen sich, alle sichtbaren Teile des Hauses in einem Zustand ewiger makelloser Reinheit zu halten, und das ist äußerst lobenswert; aber, so möchte ich bescheiden fragen, gibt es nicht anderes, was noch wichtiger ist? Und ist nicht schlichte Lebensweise und hochgespanntes Denken besser als umgekehrt? Und allzu umständliches Essenzubereiten und Möbelstauben beansprucht doch furchtbar viel kostbare Zeit – und schamhaft gestehe ich, daß meine Zuneigung dem Pudding *und* der Grammatik gilt. Es kann nicht rechtens sein, daß man Sklave der eigenen Haushaltsgötter ist, und hiermit erkläre ich feierlich: wenn mich je meine Möbel ärgerten, weil sie abgestaubt werden wollen, wenn ich gerade etwas anderes tun möchte und niemand da ist, der mir das abnimmt, würde ich sie allesamt in das nächste Feuer im Garten werfen, mich davor setzen und meine Zehen mit großem Behagen an der Glut wärmen und meine Staubtücher triumphierend dem ersten Hausierer verkaufen, der schwach genug wäre, sie zu kaufen. Pastorenfrauen müssen Hausarbeit und Kochen selbst erledigen und sind darum nicht nur Köchinnen und Hausmädchen, sondern, wenn Kinder da sind – und sie haben immer Kinder –, Ober- und Unterschwester; und außer diesen unbedeutenden Pflichten haben sie noch eine Menge Arbeit mit ihrem Gemüse- und Obstgarten und die Hauptlast mit dem Federvieh. Ist sie nicht rührend, so eine junge Frau, die sich tapfer müht, Sprachen zu erlernen, um es ihrem Mann gleich zu tun? Wäre ich besagter Ehemann, der Pudding schmeckte mir am süßesten, der mit lateinischer Soße aufgetischt würde. Beide sind ungemein fromm und strengen sich immerzu verzweifelt an, das zu tun, was sie predigen, und das ist bekanntlich das Allerschwierigste. Er arbeitet in seiner Gemeinde mit der reinsten Hingabe und verliert nie den Mut, auch wenn ihm seine Anstrengungen verschiedentlich mit widerlichen Schmähzetteln gelohnt wurden, die an Straßenwänden geklebt, unter die Tür geworfen und selbst an seine eigene Gartenmauer geheftet waren. Die Bauern in dieser Gegend sind unglaublich roh und unzivilisiert, und hier ein empfindsamer intellektueller Pastor unter ihnen ist wirklich wie eine Perle vor die Säue geworfen. Seit Jahren nun tut er unentwegt seinen Dienst, erfüllt von lebendigem Glauben, Hoffnung und Nächstenliebe, und ich frage mich manchmal, ob die Bauern in seiner Gemeinde jetzt besser dran sind als bei seinem Vorgänger, einem Mann, der rauchte und von Montag morgen bis Samstag nacht Bier trank, niemals einen Finger rührte und oft die spärliche Gemeindeversammlung am Sonntagnachmittag warten ließ, während er sein erstes Nickerchen nach dem Essen beendete. Das ist schon derart entmutigend, daß wohl die meisten sich geschlagen gäben und es der Gemeinde selbst überließen, in den Himmel zu kommen oder nicht, je nach Begehr; aber er scheint nie entmutigt und opfert weiterhin den besten Teil seines Lebens diesen Leuten, wo er doch ausschließlich literarische Vorlieben hat und sich zum Gelehrtendasein hingezogen fühlt. Seine innere Überzeugung drängt ihn zu allen Stunden aus seinem kleinen Heim, um den Kranken beizustehen und die Bösen zu ermahnen; sie lassen ihm keine Ruhe und geben ihm nie das Gefühl, genug getan zu haben; und wenn er erschöpft heimkommt, sieht er auf der eigenen Haustür übelste Beschimpfungen geschrieben. Er spricht nie über diese Dinge, doch wie sollen sie verborgen bleiben? Jeder erfährt hier alles, was passiert, noch bevor der Tag zu Ende ist; und was es bei uns zum Essen gibt, ist von viel größerem Allgemeininteresse als die überraschendste politische Erschütterung. Sie haben ein hübsches geräumiges Pfarrhaus und ein schönes Stück Land direkt neben dem Friedhof. Sein Vorläufer hängte seine Wäsche zum Trocknen immer über die Grabsteine auf, doch dieser Mensch hatte jeglichen Anstand verloren und mußte schließlich versetzt werden, wobei er eine Abschiedspredigt unflätigster Sorte hielt und den Grimmigen, der in seiner Patronatsloge saß und jedes Wort genußvoll verschlang, mit Beleidigungen überhäufte. Der Grimmige liebt das Nochnichtdagewesene, und eine solche Predigt gab's noch nie zu hören. Heute noch spricht man im Dorf mit verhaltenem Atem und ängstlicher Freude davon.

22. *Dezember.* – Bis jetzt haben wir einen schönen Winter gehabt. Klarer Himmel, Frost, kaum Wind und, abgesehen von einem gelegentlichen Anflug bitterer Kälte, nur sehr wenige wirklich kalte Tage. Meine Fenster leuchten von Hyazinthen und Maiglöckchen; und obgleich ich, wie gesagt, den Hyazinthenduft im Frühling nicht sehr liebe, da es ihm neben den anderen Blumen an Jugendlichkeit und Keuschheit zu mangeln scheint, freue ich mich jetzt durchaus, meine Nase in seine schwere Süße stecken zu können. Im Dezember kann man es sich nicht leisten, wählerisch zu sein; übrigens ist man tatsächlich im Winter überhaupt weniger wählerisch. Die schneidende Luft kräftigt Seele und auch Körper; und was man im Sommer an Speisen und Düften verschmäht, ist nun höchst willkommen.

Ich bin zwar sehr eifrig bei den Weihnachtsvorbereitungen, habe mich aber oft allein in ein Zimmer eingeschlossen und meine unerledigten Aufgaben draußen gelassen, um die Blumenkataloge zu studieren und eine Liste mit Samen, Sträuchern und Bäumen für den Frühling zusammenzustellen. Eine faszinierende Beschäftigung, die noch reizvoller wird, wenn man weiß, man sollte eigentlich etwas anderes tun – Weihnachten steht vor der Tür, Kinder, Dienstboten und Landarbeiter hängen, was ihr Vergnügen angeht, ganz von einem ab, und wenn man sich nicht selbst um den Baum- und Hausschmuck kümmert und um das Geschenkebesorgen, tut es niemand sonst. Die Stunden verfliegen, während ich mit diesen Katalogen eingeschlossen bin und die *Pflicht* auf der anderen Seite der Tür murrt. Ich mag die *Pflicht* nicht – alles, was auch nur im mindesten unangenehm ist, stellt sich mit Gewißheit als Pflicht heraus. Warum kann es nicht meine Pflicht sein, Listen und Pläne für den geliebten Garten zu machen? »Und das *ist* es auch«, beharrte ich gegenüber dem Grimmigen, als er Einspruch erhob gegen das, was er Oben-meine-Zeit-Vertrödeln nannte. »Nein«, entgegnete er weise,

»dein Garten kann gar nicht deine Pflicht sein, da er ja dein Vergnügen ist.«

Welche Wohltat, immer aus der Quelle der Weisheit trinken zu können! Jede Frau kann einen Ehemann haben, doch nur wenigen ist es vergönnt, einen Weisen zu haben, und die Verbindung von beiden ist ebenso selten wie nützlich. Das einzig vergleichbar Nützliche, was ich je gesehen habe, war ein Sofa, das meine Nachbarin als Weihnachtsüberraschung für ihren Mann gekauft hat und das sie mir beim letzten Besuch vorführte – eine herrliche Erfindung, wie sie mir erklärte, Bettgestell, Sofa und Kommode in einem: man stopft dort alle Kleidung hinein und bettet obendrauf sich selbst, und wenn jemand tief in der Nacht zu Besuch kommt und man zufällig den Salon als Schlafzimmer benutzt, verstaut man nur rasch die Bettwäsche, und siehe da, man wird auf dem Sofa sitzend angetroffen mit just dem Gesichtsausdruck, als hätte man seit Stunden auf Besuch gewartet.

»Sagen Sie, trägt er Pyjamas?« erkundigte ich mich.

Aber sie hatte noch nie etwas von Pyjamas gehört.

Es dauert lange, meine Frühlingslisten aufzustellen. Ich möchte eine Rabatte ganz in Gelb haben, jede Gelbschattierung: vom feurigsten Orange bis zum Fast-schon-Weiß, und der Aufwand an Arbeit und Studium der Gartenratgeber läßt sich nur von Anfängern wie mir richtig würdigen. Schon seit Wochen bin ich bei der Planung, und noch immer ist kein Ende in Sicht. Mir schwebt vor eine einzige Folge von Herrlichkeiten von Mai bis zum Frosteinbruch, vorherrschen soll die Schar ›kräftig leuchtender Ringelblumen‹, die ich innig liebe, und Kapuzinerkresse. Letztere soll in allen Sorten und Farbnuancen hochklettern, sich emporranken und in dichten Büschen wachsen und ihre anmutigen Blüten und Blätter aufs vorteilhafteste zeigen. Hinzu sollen kommen: Goldmohn, Dahlien, Sonnenblumen, Zinnien, Skabiosen, Portulakröschen, gelbe Veilchen, gelbe Levkojen, gelbe Gartenwicken, gelbe Lupinen – alles, was gelb ist oder eine gelbe Variante hat. Als Standort habe ich eine lange breite Rabatte in der Sonne ausgewählt am Fuße eines grasigen Hügels, der von Fliederbüschen und Kiefern bewachsen ist und nach Südost liegt. Man geht durch ein Kieferngehölz, und wenn man um die Ecke biegt, soll man plötzlich dieses Stück eingefangenen Morgenglanzes erblicken. Ich möchte, daß es einen in seiner leuchtenden Pracht nach dem schattig-kühlen Weg durch das Wäldchen geradezu blendet.

Das ist die Idee. Traurigkeit befällt mich, wenn ich an die wahrscheinliche Diskrepanz zwischen der Idee und ihrer Verwirklichung denke. Ich kenne mich nicht aus, und der Gärtner, davon bin ich überzeugt, noch viel weniger, denn er hat zwar einige Tulpen mit Gewalt hochgebracht, aber sie welkten alle dahin und gingen ein, und er sagt, er kann sich nicht vorstellen, warum. Außerdem liebt er die Köchin und wird sie nach Weihnachten heiraten und weigert sich, auf irgendeinen meiner Pläne mit der Begeisterung zu reagieren, die sie eigentlich verdienen, statt dessen sitzt er mit glasig träumerischem Blick da und hackt von morgens bis abends Holz, um das Küchenfeuer seiner Geliebten tüchtig brennen zu lassen. Mir ist schleierhaft, wie jemand Köchinnen Ringelblumen vorziehen kann; jene künftigen Ringelblumen, so fatamorganisch sie sind, deren Samen noch beim Saatguthändler schlafen, haben mir durch meine Wintertage wie goldenes Licht geleuchtet.

Von ganzem Herzen wünsche ich mir, ich wäre ein Mann, denn ich würde mir natürlich als erstes einen Spaten kaufen und gärtnern, und dann hätte ich das Vergnügen, für meine Blumen alles mit eigener Hand zu tun, und bräuchte meine Zeit nicht damit zu vergeuden, jemandem zu erklären, was er machen soll. Es ist langweilig, Anordnungen zu geben und sich zu mühen, die leuchtenden Phantasiebilder unter der eigenen Stirn jemandem zu beschreiben, der keine Phantasie und kaum was unter der Stirn hat und der glaubt, ein gelbes Beet bestünde aus Pantoffelblumen umrandet von etwas Blau.

Ich habe bei der Auswahl der gelben Blumen darauf geachtet, nur anspruchslose Pflanzen zu nehmen, die leicht zufriedenzustellen, ja dankbar für wenig sind, denn mein Boden ist keineswegs das, was man sich wünscht, und für die meisten Pflanzen ist das Klima ziemlich ungünstig. Ich bin jeder Blume aufrichtig dankbar, die robust ist und bereit, hier zu gedeihen. Stiefmütterchen scheinen ihren Standort hier zu mögen, und auch die Gartenwicken; Nelken nicht, und nach vielen Schmeichelworten brachten sie im letzten Sommer grad ein paar Blüten hervor. Fast alle Rosen waren trotz des sandigen Bodens ein Erfolg, ausgenommen die Teerose Adam, die reichlich schwellende Knospen zeigte, doch plötzlich braun wurde und einging, und die drei Rosenbäumchen von Dr. Grill, die in einer Reihe standen und einfach schmollten. Ich war wegen den Dr. Grills ganz aufgeregt gewesen, da ihre Beschreibung in den Katalogen mich besonders fasziniert hatte, und zweifellos verdiente ich die Abfuhr. »Regt euch über *nichts* auf, ihr Süßen«, wird der Rat lauten, den ich meinen drei Kindern geben werde, so die Zeit gekommen ist, sie auf Gesellschaften zu führen, »oder wenn, dann zeigt es nicht. Seid ihr von Natur aus Vulkane, speit zumindest kein Feuer. Seht nicht erfreut aus oder interessiert, vor allem seht nicht eifrig aus. Kühler Gleichmut sollte in euren Gesichtern zu lesen sein. Laßt euch niemals anmerken, daß ihr jemand oder etwas gern habt. Bleibt gelassen, unberührt und zurückhaltend. Tut ihr nicht so, wie eure Mutter sagt, und seid bloß schwärmerische, ausgelassene, junge Dummerchen, bleiben euch Abfuhren nicht erspart. Tut ihr, was sie euch sagt, werdet ihr Prinzen heiraten und lebt glücklich und zufrieden bis an euer seliges Ende.«

Dr. Grill muß eine deutsche Rose sein. Je mehr man in dieser Gegend seine Freude darüber zeigt, jemand zu sehen, desto weniger freut sich der andere darüber; wohingegen der andere sichtlich auftaut, wenn man unfreundlich ist, seine Miene hellt sich zusehends auf, wird um so liebenswürdiger, je abweisender und griesgrämiger die eigene wird. Bei einer Rose hatte ich allerdings nicht mit solch einem Verhalten gerechnet, und ich war empört über Dr. Grill. Die Rosen hatten den besten Standort im Garten: warm, sonnig und geschützt; ihre Setzlöcher waren mit liebevollster Sorgfalt vorbereitet worden; sie hatten die erlesenste Mischung aus Kompost, Tonerde und Dünger erhalten und waren während der ganzen Dürrezeit fleißig begossen worden, wo andere, willigere Blumen nichts bekamen; und sie weigerten sich etwas anderes zu tun, als schwarz auszusehen und zu kümmern. Sie gingen nicht ein, gediehen aber auch nicht – existierten bloß; und am Ende des Sommers hatte nicht eine von ihnen einen Trieb oder ein Blättchen mehr als im April, wo sie gepflanzt worden waren. Sie wären besser sofort eingegangen, denn dann hätte ich gewußt, was zu tun sei; so aber beanspruchen sie noch immer den besten Platz, sind sorgsam gegen den Wind abgedeckt und verdrängen freundlichere Rosen. Womöglich haben sie sich dasselbe Verhalten auch fürs nächste Jahr vorgenommen. Heimsuchungen sind ja das Los der Menschheit, und Gärtner haben da ihren gerechten Anteil, und jedenfalls wird man besser von Pflanzen als von Personen heimgesucht, da man bei Pflanzen, die man kennt, alsbald sieht, daß man selbst im Unrecht ist; bei Menschen ist es immer umgekehrt – und wer von uns hat nicht die Qualen verletzter Unschuld erlebt und ihre Bitterkeit empfunden?

Ich habe gerade zwei Besucher hier, obwohl ich nichts getan habe, ein solches Verhängnis heraufzubeschwören, und mich auf ein glückliches stilles Weihnachtsfest nur mit dem Grimmigen und den Kleinen gefreut hatte. Das Schicksal wollte es anders. Es ist beinah schon die Regel, daß das Schicksal eingreift, wenn ich mich auf etwas freue und es anders bestimmt; ich weiß nicht wieso, doch so ist es. Ich hatte diese guten Damen nicht einmal eingeladen – wie Größe sich gerade den Bescheidenen erwählt, so sie mich. Eine davon is Irais, die süße Sängerin vom Sommer, die ich zwar gebührend liebe, aber gerade für ein gutes Jahr loszusein glaubte, als sie schrieb und anfragte, ob ich sie über Weihnachten haben wolle, ihr Mann sei in schlechter Verfassung, und sie habe ihn in diesem Zustand nicht gern. Auch ich habe etwas gegen kranke Ehemänner, darum bat ich sie voller Mitgefühl zu kommen, und hier ist sie. Und die zweite ist Minora.

Warum mir das Schicksal Minora aufgebrummt hat, ist mir ein Rätsel, denn vor zwei Wochen wußte ich nicht einmal etwas von ihrer Existenz. Als ich eines Morgens frohgelaunt zum Frühstück erschien – es war genau der Tag nach meiner Rückkehr aus England –, fand ich einen Brief von einer englischen Freundin vor, bis dahin immer völlig harmlos, und jetzt bat sie mich, Minora unter meine Fittiche zu nehmen. Zum Besten des Grimmigen, der gerade gespickte Gans aß, eine begehrte Delikatesse hierzulande, las ich den Brief vor.

»Meine liebe Elizabeth«, schrieb meine Freundin, *»bitte, kümmere Dich ein wenig um die Arme. Sie studiert Kunst in Dresden und weiß buchstäblich nicht, wohin an Weihnachten. Sie ist sehr strebsam und arbeitet fleißig...«*

»Demnach«, unterbrach der Grimmige, »ist sie nicht hübsch. Nur häßliche Mädchen arbeiten fleißig.«

»... und sie ist wirklich sehr klug...«

»Ich mag keine klugen Mädchen, sie sind so dumm«, unterbrach der Grimmige von neuem.

»... und wenn nicht ein freundliches Wesen wie Du sich ihrer erbarmt, wird sie sehr einsam sein.«

»Dann soll sie doch einsam sein.«

»Ihre Mutter ist meine älteste Freundin und wäre tief bekümmert bei dem Gedanken, daß ihre Tochter gerade zu Weihnachten allein in einer fremden Stadt ist.«

»Was geht mich der Kummer der Mutter an.«

»Verstehst du nicht«, rief ich ungeduldig aus, »ich werde sie einladen *müssen!*«

»*Wenn Du geneigt sein solltest*«, hieß es weiter im Brief, »*die gute Samariterin zu spielen, liebe Elizabeth, bin ich überzeugt, du findest in Minora eine lebhafte, intelligente Gefährtin...*«

»Minora?« fragte der Grimmige.

Das Aprilkind, an das sich seit sechs Wochen ein Kindermädchen von beängstigendem Übereifer heftet, schaute von ihrem in heißer Milch aufgewärmten Brot auf.

»Es klingt wie Insel«, bemerkte sie nachdenklich.

Das Kindermädchen hüstelte.

»Mallora, Minora, Alderney und Sark«, erklärte ihre Schülerin.

Ich blickte sie streng an.

»Wenn du nicht achtgibst, April«, sagte ich, »wirst du, wenn du groß bist, noch ein Genie und bereitest deinen Eltern Schande.«

Miss Jones blickte drein, als hätte sie etwas gegen Deutsche. Ich fürchte, sie verachtet uns, weil sie meint, wir seien Ausländer – eine typisch englische Haltung und gereicht ihr ganz und gar zu Ehre; wir andererseits betrachten *sie* als Ausländerin, was natürlich die Dinge sehr kompliziert.

»Muß ich wirklich dieses fremde Mädchen aufnehmen?« fragte ich, wobei ich mich an niemand speziell wandte und keine Antwort erwartete.

»Du brauchst es nicht«, sagte der Grimmige gesetzt, »aber du wirst es tun. Du schreibst ihr heute und lädst sie herzlich ein, und wenn sie vierundzwanzig Stunden hier ist, geratet ihr in Streit. Ich kenne dich, meine Liebe.«

»Streit! Ich? Mit einer kleinen Kunststudentin?«

Miss Jones schlug die Augen nieder. Ständig wittert sie eine Szene und ist allzeit bereit, ganze Batterien von Diskretion, Takt und gutem Geschmack auf uns loszulassen, und sie scheint genau zu wissen, wann wir uns ungehörig streiten, wo wir selbst nicht im Traum daran denken, wäre da nicht die Warnung ihrer niedergeschlagenen Augen. Ich würde ja meinen ganzen Mut zusammennehmen und sie auffordern zu gehen, denn zu dieser überflüssigen Diskretion kommt noch hinzu, daß sie, zwar eigentlich nur Kindermädchen, aber überaus beflissen ist und ständig belehren will und nie spielen; doch unglücklicherweise bewundert das Aprilkind sie und ist fest davon überzeugt, daß noch nie so ein schönes Kindermädchen hier war. Sie kommt jeden Tag mit neuen Berichten über die Pracht ihrer Garderobe und lebhaften Beschreibungen ihrer Schirme und Hüte; und Miss Jones sieht gekränkt aus und spitzt den Mund. Wie die meisten Kinderfräuleins hat sie einen zarten dunklen Flaum über der Oberlippe, und eines Tages erschien das Aprilkind zum Essen mit eigenem Flaumschmuck, den sie in treuer Nachahmung nach vielerlei Mühen mit Hilfe eines Bleistifts und unendlicher Liebe hingestrichelt hatte. Miss Jones stellte sie wegen Ungezogenheit in die Ecke. Ich frage mich, warum Erzieherinnen so unangenehm sind. Der Grimmige meint: weil sie nicht verheiratet sind. Ich wage zwar nicht, der Stimme der Erfahrung zu widersprechen, möchte aber hinzufügen, die Anstrengung, stets Vorbild zu sein, muß ungeheuer groß sein. Es ist viel leichter und oft viel angenehmer, ein abschreckendes Beispiel zu geben als ein leuchtendes, und Erzieherinnen sind auch nur Frauen, und Frauen sind manchmal töricht, und wenn man töricht ist, ist es bestimmt eine Plage, klug sein zu müssen.

Minora und Irais sind gestern zusammen hier angekommen; oder vielmehr, als der Wagen vorfuhr, stieg Irais allein aus und teilte mir mit, daß ein fremdes Mädchen auf einem Fahrrad in einiger Entfernung hinterher fahre. Ich schickte ihr den Wagen entgegen, um sie aufzunehmen, denn es wurde dunkel, und die Straßen sind miserabel.

»Aber was sollen hier überhaupt fremde Mädchen?« fragte

Irais ziemlich unwirsch, als sie den Hut vor dem Kaminfeuer in der Bibliothek abnahm und sich ansonsten ganz wie zu Hause fühlte. »Ich hab was gegen sie. Ich bin mir nicht sicher, daß sie nicht in noch schlechterer Verfassung als Ehemänner sind. Wer ist sie? Sie wollte unbedingt vom Bahnhof hierher radeln und bestimmt ist sie die erste Frau, die das getan hat. Die kleinen Jungen haben Steine nach ihr geworfen.«

»Ach, meine Liebe, das beweist nur die Unkenntnis der kleinen Jungen. Kümmern wir uns nicht um Minora. Trinken wir in Ruhe Tee, bevor sie erscheint.«

»Aber wir wären viel glücklicher ohne sie«, murrte Irais. »Waren wir nicht richtig glücklich im letzten Sommer, Elizabeth? Nur Sie und ich?«

»Ja, stimmt wirklich«, antwortete ich aufrichtig und legte die Arme um sie. Am Tage ihrer Ankunft flammt meine Liebe zu Irais immer sehr hoch; außerdem habe ich diesmal Vorsichtsmaßnahmen gegen ihr Sündigen mit den Salzfäßchen ergriffen, ich habe nämlich angeordnet, daß sie wie Gemüseschüsseln herumgereicht werden. Wir haben unseren Tee getrunken, und Irais ging auf ihr Zimmer, um sich umzuziehen, bevor Minora mit ihrem Fahrrad aufkreuzte. Ich eilte zu ihrer Begrüßung hinaus, mitleidig, daß sie bei solch einem intimen Fest wie Weihnachten im Kreis von Fremden untertauchen mußte. Aber *so* schüchtern war sie gar nicht; viel weniger als ich –, unten in der Empfangshalle gab sie den Dienstboten Anweisung, den Schnee von den Reifen ihres Fahrzeugs abzuwischen, bis sie schließlich meinem Willkommensgruß aufmerksam Gehör schenkte.

»Ich konnte mich Ihrem Bediensteten am Bahnhof nicht verständlich machen«, sagte sie endlich, als man sie über ihr Rad beruhigt hatte. »Ich habe ihn gefragt, wie weit es sei und in welchem Zustand sich die Straßen befänden, und er hat nur gelächelt. Ist er ein Deutscher? Aber natürlich – wie seltsam, daß er nicht verstand. Sie selbst sprechen sehr gut Englisch –, wirklich sehr gut, ja doch.«

Unterdessen hatten wir die Bibliothek betreten, und während ich ihr den Tee ausschenkte, stand sie auf dem Kaminvorleger und wärmte sich den Rücken.

»Was für ein merkwürdiges Zimmer«, bemerkte sie beim Herumschauen, »und die Halle ist auch so ausgefallen. Sehr alt, nicht? Hier gibt's viel Stoff.«

Der Grimmige, der bei ihrer Ankunft in der Halle gewesen war und uns begleitet hatte, blickte fragend auf den Teppich. »Stoff?« fragte er, »wo ist Stoff?«

»Oh – Material, verstehen Sie, für ein Buch. Ich notiere mir eben alles, was mir in Ihrem Land auffällt, und wenn ich Zeit habe, verarbeite ich das zu einem Buch.« Sie sprach sehr laut, wie es Engländer gegenüber Ausländern zu tun pflegen.

»Meine Liebe«, sagte ich hinter geschlossener Tür atemlos zu Irais, nachdem ich auf ihr Zimmer geeilt war und Minora wohl verwahrt in ihrem wußte, »wie finden Sie das – sie schreibt Bücher!«

»Was... das Fahrradmädchen?«

»Ja... Minora... stellen Sie sich das vor!«

Wir standen da und blickten uns von Ehrfurcht gepackt an.

»Wie schrecklich!« murmelte Irais. »Ich habe noch nie ein junges Mädchen kennengelernt, das so etwas tut.«

»Sie sagt, hier gebe es reichlich Stoff.«

»Reichlich was?«

»Woraus man Bücher macht.«

»Ach du lieber Himmel, das ist ja schlimmer, als ich erwartet habe! Ein fremdes Mädchen zwischen zwei guten Freundinnen ist immer eine Plage, aber im allgemeinen kommt man mit ihm klar. Doch ein Mädchen, das Bücher schreibt – also, das ist geradezu unanständig! Und die Sorte Mensch kann man nicht links liegenlassen; die lassen's einfach nicht zu.«

»Aber wir versuchen's!« rief ich mit solcher Inbrunst aus, daß wir beide lachen mußten.

Die Halle und die Bibliothek hatten es Minora am meisten angetan; sie verweilte nach dem Essen derart lang in der kalten Halle, daß der Grimmige sich den zarten Hinweis erlaubte, sich in seinen Pelzmantel zu hüllen. Seine Hinweise sind immer zart.

Sie wollte die ganze Geschichte über die Kapelle, die Nonnen und Gustav Adolf hören und zog ein dickes Notizbuch heraus, um sich meine Worte aufzuschreiben. Ich verfiel sofort wieder in Schweigen.

»Nun?« sagte sie.

»Das ist alles.«

»Oh, Sie haben doch erst angefangen.«

»Da ist nichts mehr. Wollen Sie nicht in die Bibliothek kommen?«

In der Bibliothek nahm sie wieder ihre Stellung vor dem Kaminfeuer ein und wärmte sich; wir anderen saßen nebeneinander in einer Reihe da und froren. Sie hat ein wundervolles Profil, was einigermaßen irritierend ist. Gottes unerschöpfliche Güte hat jedoch Balsam auch für diese Wunde: indem er Minoras Augen etwas zu eng beieinander hat wachsen lassen.

Irais steckte sich eine Zigarette an, lehnte sich im Sessel zurück und betrachtete sie kritisch unter ihren langen Wimpern. »Sie schreiben gerade ein Buch?« fragte sie mit einem Mal.

»Nun ja, das könnte ich wohl sagen. Nur meine Eindrücke von Ihrem Land, verstehen Sie. Alles, was mir merkwürdig oder amüsant erscheint... ich mache mir Notizen, und wenn ich Zeit finde, so denke ich, werde ich etwas daraus formen.«

»Studieren Sie nicht Malerei?«

»Ja, aber nicht in alle Ewigkeit. Wir haben ein englisches Sprichwort: ›Das Leben ist kurz, die Kunst ist lang‹ – viel zu lang, denke ich manchmal... und Schreiben ist für mich, wenn ich müde bin, sehr entspannend.«

»Wie soll es denn heißen?«

»Oh, ich dachte daran, es *Tourist in Teutonien* zu nennen. Das klingt gut und würde es genau ausdrücken. Oder *Deut- und Dienliches aus Deutschland.* Ich habe mich noch nicht ganz für einen Titel entschieden.«

»Vom Autor der *Pirsch- und Pilgerzüge durch Pommern* könnten Sie noch hinzufügen«, schlug Irais vor.

»Und *Dussliges aus Dresden*«, sagte ich.

»Und *Blödsinn aus Berlin*«, setzte Irais noch drauf.

Minora riß die Augen auf. »Ich glaube nicht, daß die beiden letzten Titel zutreffend sind«, sagte sie, »es soll doch kein spaßiges Buch sein. Aber Ihr erster Titel ist recht brauchbar«, fügte sie mit Blick auf Irais hinzu und zog ihr Notizbuch heraus. »Ich will es mir nur eben notieren.«

»Wenn Sie alles aufschreiben, was wir sagen, und es veröffentlichen, ist es dann überhaupt noch Ihr Buch?« fragte Irais.

Aber Minora kritzelte so eifrig, daß sie nichts hörte.

»Und haben Sie, gesalbtes Haupt, keine Vorschläge zu machen?« fragte Irais und wandte sich an den Grimmigen, der schweigend Rauchwolken ausstieß.

»Oh, nennen Sie ihn *gesalbtes Haupt?*« rief Minora aus, »ist das sein privater Titel?«

Irais und ich schauten uns an. Wir wußten ja, wie wir ihn nannten, und hatten Angst, daß Minora es mit der Zeit aufspüren und in ihrem Notizbuch vermerken würde. Der Grimmige sah nicht gerade beglückt aus, daß unser neuer Gast in seiner Gegenwart ungeniert in der dritten Person von ihm sprach.

»Ehemänner sind immer gesalbte Häupter«, sagte ich ernst.

»Doch gesalbte Häupter nicht immer Ehemänner«, sagte Irais mit gleichem Ernst. »Gesalbtes Haupt, gesalbter Kopf«, fuhr sie nachdenklich fort, »an was erinnert Sie das, Miss Minora?«

»Ah, ich weiß ... wie dumm von mir!« rief Minora voll Eifer aus, den Bleistift gezückt und krampfhaft bemüht, ihrem Gedächtnis auf die Sprünge zu helfen, »gesalbt, gesalbeit – ja klar, nein, ja doch, natürlich – ach«, und dann enttäuscht, »das ist aber gewöhnlich – das kann ich nicht bringen.«

»Was ist gewöhnlich?« fragte ich.

»Sie meint, ein *gesalbeiter* Schweinskopf sei gewöhnlich«, sagte Irais matt, »doch das ist er nicht, er ist ausgezeichnet.« Sie stand auf und setzte sich ans Klavier, und nachdem ihre Finger ein wenig über die Tasten geglitten waren, sang sie.

»Spielen Sie Klavier?« fragte ich Minora.

»Ja, nur leider bin ich ziemlich aus der Übung.«

Ich sagte nichts. Ich weiß, *wie* solches Spielen klingt.

Als wir unsere Schlafzimmerkerzen anzündeten, begann Minora plötzlich in einer unbekannten Sprache zu reden. Wir machten große Augen. »Was ist mit ihr los?« murmelte Irais.

»Ich dachte mir«, sagte Minora auf Englisch, »vielleicht reden Sie lieber Deutsch, und da es mir gleich ist, was ich rede ...«

»Ach bitte keine Umstände«, sagte Irais. »Wir führen gern unser Englisch vor – nicht wahr, Elizabeth?«

»Ich will allerdings nicht, daß mein Deutsch einrostet«, sagte Minora, »ich möchte es nicht vergessen.«

»Hm, gibt es da nicht ein englisches Lied«, sagte Irais und wandte uns den Kopf zu, als sie die Treppe voranging: ›töricht ist's, sich zu erinnern, ein kluger Kopf vergißt‹?«

»Sie haben hoffentlich keine Angst, allein zu schlafen«, sagte ich hastig.

»Welches Zimmer hat sie denn?« fragte Irais.

»Nummer 12.«

»Oh! – Glauben Sie an Gespenster?«

Minora erbleichte.

»Was für ein Unfug«, sagte ich, »wir haben hier keine Gespenster. Gute Nacht. Wenn Sie etwas brauchen, klingeln Sie nur.«

»Und falls Sie etwas Seltsames in dem Zimmer bemerken«, rief Irais aus ihrer Schlafzimmertür, »dann unbedingt notieren.«

27. Dezember. – Ich glaube, es ist Mode, Weihnachten als etwas unbeschreiblich Langweiliges anzusehen und als eine Zeit, die dazu verführt, sich zu überessen und ohne rechten Grund Fröhlichkeit zu heucheln. In Wirklichkeit ist das Weihnachtsfest einer der bezauberndsten und stimmungsvollsten Gebräuche überhaupt, wenn man es nur richtig feiert, und nachdem man ein ganzes Jahr lang zu allem mehr oder weniger unfreundlich war, ist es ein Segen, an diesem einen Tag gezwungenermaßen liebenswürdig sein zu müssen; und es ist zweifellos wundervoll, etwas verschenken zu können, ohne die quälende Gewißheit, daß man den Empfänger verwöhnt und später dafür büßen muß. Dienstboten sind nur große Kinder, und sie lassen sich mit Kleinigkeiten und Leckereien genauso glücklich machen wie Kinder, und schon Tage davor, wenn die drei Kleinen in den Garten gehen, erwarten sie jedesmal, das Christkind mit den Armen voller Geschenke zu sehen. Sie glauben fest daran, daß ihnen die Geschenke auf diese Weise gebracht werden, und das ist eine so reizende Vorstellung, daß Weihnachten allein schon deswegen verdient, gefeiert zu werden.

Wegen der strikten Geheimhaltung ist die Vorbereitung ganz allein meine Sache – eine keineswegs leichte Aufgabe bei den vielen Leuten in unserem eigenen Haus und den anderen Gutsbewohnern und all den Kindern, den großen und kleinen, die ihren Anteil am Glück erwarten. Die Bibliothek ist für einige Tage vor- und nachher unbewohnbar, denn dort haben wir die Weihnachtsbäume und die Geschenke. An der einen

Seite stehen die Bäume, und die anderen drei Seiten sind von den Tischen gesäumt, für jeden Hausbewohner einen eigenen. Wenn auf den Christbäumen die Kerzen brennen und ihr Lichterglanz die glücklichen Gesichter bestrahlt, vergesse ich die ganze Anstrengung und das zahllose Treppauf, Treppab, und die Schmerzen in Kopf und Füßen und freue mich genauso sehr wie alle anderen. Zuerst wird das Junikind hereingeführt, dann kommen die übrigen und wir selbst, je nach Alter, danach die Dienstboten, anschließend der Oberaufseher mit seiner Familie, gefolgt von den übrigen Gutsaufsehern, den Mamsells, den Buchhaltern und Sekretären, und zum Schluß die Kinder, scharenweise – die großen führen die kleinen an der Hand und tragen die Babies im Arm, und die Mütter schauen neugierig zur Tür herein. Soviele wie ins Zimmer passen, stellen sich vor den Christbäumen auf und singen zwei oder drei Lieder; danach erhalten sie ihre Geschenke und gehen triumphierend ab, machen Platz für den nächsten Schub. Meine drei Kleinen haben auch kräftig mitgesungen, egal ob das Lied ihnen gerade bekannt war oder nicht. Sie hatten zur Feier des Tages weiße Kleidchen an, und das Junikind hatte man sogar in ein tiefausgeschnittenes, kurzärmeliges Gewand gesteckt, wie es bei Teutonenkindern ohne Rücksicht auf das Thermometer Brauch ist. Ihre Ärmchen sind eine Miniaturausgabe von Preisringerarmen – so etwas habe ich noch nie gesehen; sie sind der Stolz und die Freude ihres kleinen Kindermädchens, das ihnen blaue Bänder verpaßt hatte und sie ständig herzte. Wenn das Junikind größer ist und dann noch immer solche Arme hat, werde ich es wohl kaum auf einen Ball mitnehmen können.

Als sie mir Gutenacht sagten, waren alle furchtbar blaß und ermattet. Das Aprilkind trug ein ebenfalls erschöpft aussehendes japanisches Püppchen, das sie mit ins Bett nehmen wollte, nicht etwa aus Liebe, sondern aus Mitleid, es schien so unendlich müde zu sein. Sie küßten mich zerstreut und verschwanden, nur das Aprilkind warf den Christbäumen beim Vorbeigehen einen Blick zu und knickste.

»Auf Wiedersehn, Bäume«, hörte ich sie sagen; und dann ließ sie das japanische Püppchen sich vor ihnen verbeugen, was in recht müder und blasierter Manier geschah. »*Du* wirst nie wieder solche Bäume sehen«, sagte sie und schüttelte es strafend, »denn beim nächsten Mal bist du *lange schon* zerbrecht.«

Sie ging hinaus, kam aber gleich wieder zurück, als habe sie etwas vergessen.

»Sag dem Christkind ganz *vielen* Dank, Mami, ja, für all die schönen *things,* die Er uns *gebringt* hat. Du schreibst Ihm doch wohl gleich, nicht?«

Ich kann überhaupt nichts Stumpfsinniges an unserem Weihnachten entdecken, und wir waren von Herzen froh, ohne daß wir's vortäuschen mußten, und zumindest für zwei Tage kamen wir uns alle ein Stück näher und waren lieb zueinander. Glück ist so bekömmlich; es stärkt und belebt meine Frömmigkeit viel wirksamer als jede Menge Schicksalsprüfungen und Sorgen, und eine unerwartete Freude ist das sicherste Mittel, mich in die Knie zu zwingen. Trotz der Beteuerungen einiger seltsamer Geister, daß ihnen Prüfungen guttäten, glaube ich das nicht. Dergleichen kann uns nur verhärten, während Glück uns weich stimmt, uns freundlicher und gütiger macht. Und will etwa jemand behaupten, es gehöre sich für uns, für Prüfungen dankbarer als für Wohltaten zu sein? Wir sind zum Glücklichsein bestimmt und sollten alles Glück mit Dankbarkeit empfangen – keiner von uns ist wirklich je dankbar genug, und doch bekommt jeder so viel, so ungeheuer viel, mehr als wir verdienen. Ich kenne eine Frau – sie war im letzten Sommer hier –, die sich grimmig freut, wenn ihre Nächsten leiden. Sie glaubt, das sei unser Schicksal und es stärke uns und tue nur gut, und sie würde niemandem auch nur unnötigen Schmerz ersparen wollen; sie weint mit den Leidenden, ist aber überzeugt davon, es geschehe alles zum besten. Möge sie denn in ihrem trüben Glauben beharren; sie hat keinen Garten, der die Schönheit und das Glück der Frömmigkeit lehren kann, sie wünscht sich das auch nicht im geringsten; ihre Überzeugungen sind grau wie die tristen Straßen und Häuser, in denen sie wohnt – die traurige Farbe der Masse. Ergebenheit in das, was man als ›Schicksal‹ bezeichnet, ist einfach unwürdig. Wenn das Schicksal dich zum Weinen bringt und elend macht, schüttel es ab und ergreif ein anderes; geh deinen Weg; kümmere dich nicht um die Aufschreie deiner Verwandten, ihren Spott oder ihr Flehen, laß nicht diese Minigesellschaft dir Kommen und Gehen vorschreiben, hab doch keine Angst vor der öffentlichen Meinung, wie sie dein nächster Nachbar verkörpert, wenn die ganze Welt vor dir liegt: neu und strahlend und alles möglich ist, so du nur tatkräftig und unabhängig bist und die Gelegenheit beim Schopfe packst.

»Hört man Sie reden«, sagte Irais, »käme keiner je auf den Gedanken, daß Sie Ihre Zeit in einem Garten über einem Buch verträumen und daß Sie nie im Leben etwas beim Schopfe gepackt haben. Und was ist ein Schopf? Hoffentlich habe ich keinen.« Und sie reckte den Hals vorm Spiegel.

Sie und Minora wollten mir eigentlich beim Schmücken der Christbäume helfen, aber schon bald zog es Irais zum Klavier, und Minora wurde müde und nahm sich ein Buch; so rief ich Miss Jones und die Kinder zu mir – es war Miss Jones' letzter öffentlicher Auftritt, wie ich noch erzählen werde –, und nachdem ich zwei Tage lang viel Zeit damit verbracht hatte, waren die Weihnachtsbäume fertig und sahen wie zwei anmutige Damen aus in weiten, glitzernden Petticoats, die ihre Röcke mit Lamettafingern hochhoben. Minora beschrieb sie ausführlich für ein Kapitel mit der Überschrift *Noël* – soviel konnte ich sehen, da sie ihr Notizbuch offen auf dem Tisch liegen ließ, während sie sich zu einem Gespräch mit Miss Jones zurückzog.

Sie waren von Anfang an gute Freundinnen, und wenn es auch natürlich sein soll, daß man sich zu den eigenen Landsleuten hingezogen fühlt, ist es mir doch gänzlich unmöglich, dies als Grund für eine derart rasche Zuneigung anzuerkennen.

»Ich frage mich, worüber sie reden?« sagte ich gestern zu Irais, als man Minora nicht zum Tee kriegen konnte, so vertieft war sie in eine Unterhaltung mit Miss Jones.

»Ach, meine Liebe. Wie soll ich das denn wissen? Über Liebhaber, vermutlich; vielleicht meinen sie auch, sie seien klug, und reden dann Unsinn.«

»Klar, natürlich. Minora meint, sie sei klug.«

»Vermutlich. Aber ist doch gleichgültig, was sie meint. Warum sieht Ihre Erzieherin so düster aus? Wenn ich sie beim Essen sehe, denke ich immer, sie hat gerade eine Todesnachricht erhalten. Aber das kann ihr ja nicht *jeden* Tag passieren. Was ist los mit ihr?«

»Ich glaube nicht, daß ihre Miene genau dem entspricht, was sie fühlt«, sagte ich unschlüssig; ich selbst versuchte ja ständig, mir Miss Jones' Ausdruck zu erklären.

»Wie angenehm für sie!« sagte Irais. »Es wäre schrecklich, wenn sie genau das fühlte, was ihre Miene zeigt.«

In diesem Augenblick öffnete sich leise die Tür, die zum Schulzimmer führt, und das Aprilkind, müde vom Spielen, kam herein und setzte sich mir zu Füßen, wobei sie die Tür offenließ; und nun hörten wir folgendes von Miss Jones...

»Eltern sind selten weise, und gräßlich muß die Anstrengung sein, die es die Gewissenhaften kostet, vor ihren Kindern und Erzieherinnen weise zu erscheinen. Auch Geistliche sind nicht frömmer als andere Menschen, dennoch müssen sie ständig vor ihrer Gemeinde diesen Eindruck erwecken. Was nun die Erzieherinnen betrifft, Miss Minora, so weiß ich, wovon ich rede, wenn ich Ihnen versichere, es gibt nichts Unerträglicheres als höflich und sogar demütig Personen gegenüber sein zu müssen, deren Schwächen und Torheiten so kraß in jedem ihrer Worte zum Vorschein kommen, und durch die Anwesenheit der Kinder und der Herrschaften zu einem würdevollen Auftreten gezwungen zu werden, das ganz und gar nicht mit der eigenen Empfindung übereinstimmt. Der gesetzte Familienvater, früher wahrscheinlich einer der rüdesten Junggesellen, ist an seinem Familientisch ein interessanter Studiengegenstand, wo er notgedrungen eine Miene der Unfehlbarkeit aufsetzen muß, allein deshalb, weil seine Kinder ihn anschauen. Die Tatsache seiner Elternschaft stattet ihn nicht auf einmal mit irgendwelcher überragenden Tugend aus; und ich kann Ihnen mit Sicherheit sagen, daß von den auf ihn gerichteten Blicken die nicht unkritischsten und belustigtsten von jener bescheidenen Person stammen, die die Stelle einer Erzieherin innehat.«

»Oh, Miss Jones, wie wunderschön!« hörten wir Minora hingerissen sagen, während wir starr vor Entsetzen über diese Gefühlsäußerungen dasaßen. »Haben Sie etwas dagegen, wenn ich mir das in mein Buch notiere? Sie drücken das alles so herrlich aus.«

»Ohne einige Stunden der Entspannung«, fuhr Miss Jones fort, »der privaten Entschädigung für die Mühsal, in der Öffentlichkeit tugendhaft zu sein, wer könnte da durch Tage vorbildhaften Benehmens schreiten! Es gäbe keinen Widerspruch, keinen Raum für bessere Impulse oder Reue. Eltern, Priester und Erzieherinnen wären in der Lage einer beleibten Dame, die niemals einen ruhigen Moment hat, wo sie ihr Korsett ablegen kann.«

»Meine Liebe, die hetzt ganz schön auf!« flüsterte Irais.

Ich stand auf und ging ins Schulzimmer. Sie saßen auf dem Sofa, Minora blickte mit gefalteten Händen bewundernd in Miss Jones' Gesicht, das einen ganz anderen Ausdruck zeigte als den sonst gewohnten von verdrießlich unwilligem Anstand.

»Darf ich Sie bitten, zum Tee zu kommen?« sagte ich zu Minora. »Und ich hätte gern die Kinder für eine Weile.«

Sie stand nur sehr widerstrebend auf, aber ich wartete an der offenen Tür, bis sie im Zimmer stand und die beiden Kinder ihr gefolgt waren. Sie hatten sich damit vergnügt, einander die Ohren mit Zeitungsstückchen auszustopfen, dieweil Miss Jones Minora edle Gedanken für ihr Opus lieferte, und mußten später mit der Pinzette gequält werden. Ich sagte nichts zu Minora, sondern hielt sie bis zur Tischzeit bei uns, und heute morgen haben wir eine lange Schlittenfahrt gemacht. Als wir zum Mittagessen zurückkamen, war keine Miss Jones mehr da.

»Ist Miss Jones krank?« fragte Minora.

»Sie ist fort«, sagte ich.

»Fort?«

»Haben Sie noch nie von so etwas wie einer kranken Mutter gehört?« erkundigte sich Irais sanft; danach sprachen wir entschieden von anderem.

Den ganzen Nachmittag blies Minora Trübsal. Sie hatte eine verwandte Seele gefunden, die ihr grausam entrissen worden ist, wie verwandte Seelen so oft. Es genügt, um sie in trübe Stimmung zu versetzen, und es ist nicht ihre Schuld, die Ärmste, daß sie die Gesellschaft einer Miss Jones Irais' und meiner vorzuziehen beliebte.

Beim Abendessen musterte Irais Minora, die mit geneigtem Kopf dasaß. »Sie sehen so blaß aus«, sagte sie, »geht's Ihnen nicht gut?«

Minora hob mühsam die Augen mit der geduldigen Miene desjenigen, der gern als leidend gesehen werden will. »Ich habe leichte Kopfschmerzen«, antwortete sie leise.

»Hoffentlich werden Sie nicht krank«, sagte Irais voller Teilnahme, »denn hier gibt's nur einen Viehdoktor, und obwohl er's gut meint, ist er doch, fürchte ich, ziemlich grob.«

Minora war sichtlich erschrocken. »Aber was tun Sie, wenn Sie krank sind?« fragte sie.

»Oh, wir sind nie krank«, sagte ich. »Das Wissen allein, daß da niemand ist, der uns heilen kann, scheint uns gesund zu halten.«

»Und wenn einer ins Bett muß«, sagte Irais, »holt Elizabeth immer den Viehdoktor.«

Minora blieb still. Sie hatte sicherlich das Gefühl, sie wäre in eine Gegend verschlagen, die ausschließlich von Barbaren bewohnt wird, und daß das einzig zivilisierte Wesen außer ihr selbst fortgereist sei und sie uns auf Gedeih und Verderb ausgeliefert habe. Wie auch immer ihre Überlegungen sein mögen, die Symptome verziehen sich merklich.

1. Januar. – Der Silvestergottesdienst in unserer kleinen Kirche ist der einzige im ganzen Jahr, der mich wenigstens etwas beeindruckt; die Kargheit und Häßlichkeit des Raumes und die Zeremonie haben eine Wirkung, wie sie ein gemütlicher Gottesdienst in einer hellerleuchteten Kirche niemals erreichen kann. Gestern abend nahmen wir Irais und Minora und fuhren mit ihnen im Schlitten die drei einsamen Meilen. Es war stockdunkel, und der Sturm heulte. Wir saßen bis zu den Augen vermummt in Pelzen und so still wie bei einem Leichenzug.

»Wir fahren zum Begräbnis unserer Sünden vom vergangenen Jahr«, sagte Irais, als wir aufbrachen; und etwas Grabesstimmung lag tatsächlich in der Luft. Auf unserer Patronatsempore versuchten wir beim Licht der flackernden Talgkerzen, die in Löcher des Gebälks gesteckt waren, unsere Choräle zu entziffern, wobei die Flammen durch den Windzug wild nach allen Seiten gezerrt wurden. Der Sturm hämmerte in mächtigen Stößen gegen die Fenster, dröhnte lauter als die Orgel und drohte die flackrigen Lichter vollends auszublasen. Der Pastor auf seiner düsteren Kanzel, umrahmt von den holzgeschnitzten staubigen Engeln, bekam das ehrfurchtgebietende Aussehen dräuender Autorität, als er die Stimme erhob, um sich über den Lärm hinweg verständlich zu machen. Dort im Dunklen sitzend, fühlte ich mich sehr klein und einsam, schutzlos, allein in einer unendlich großen, schwarzen Welt. Die Kirche war kalt wie ein Grab; einige der Kerzen tropften stark und erloschen; der Pastor in seiner schwarzen Robe sprach von Tod und Gericht; mir schien, als hörte ich das Schreien eines Kindes, ich konnte kaum glauben, daß es nur der Wind war, und war beunruhigt und voll böser Ahnungen. Mein Glaube und mein Gleichmut ließen mich im Stich, und ich hatte das entsetzliche Gefühl, ich würde wahrscheinlich hart bestraft werden, obwohl mir unklar blieb, wofür eigentlich. Wäre es nicht so finster gewesen und hätte der Wind nicht so zum Verzweifeln geheult, ich hätte den Drohungen von der Kanzel wenig Aufmerksamkeit geschenkt; in dieser Umgebung jedoch begann ich gute Vorsätze zu fassen. Das ist immer ein schlechtes Zeichen – nur Leute, die Vorsätze brechen, fassen sie auch, und wenn man ganz einfach tut, was recht ist, so es sich ergibt, werden alle vorsorglichen Entschlüsse völlig überflüssig. Ich habe in den letzten Jahren gute Vorsätze am Silvesterabend bleiben lassen, und nur der wütende Sturm von gestern abend brachte mich dazu; ich habe nämlich seit langem entdeckt, daß zwar das Jahr und die Vorsätze neu sein mögen, ich selbst aber nicht, und es ist mehr als sinnlos, neuen Wein in alte Schläuche zu füllen.

»Aber ich bin kein alter Schlauch«, sagte Irais entrüstet, als ich ihr ein paar Stunden später diese Rede in der Bibliothek hielt, nachdem mir Wärme und Helligkeit all meine Gelassenheit wiedergegeben hatten, »und ich finde, daß meine Vorsätze mich sehr angenehm bis in den Frühling geleiten. Ich überprüfe sie immer am Monatsende und streiche die unnötigen. Ist der April vorbei, habe ich sie so gründlich überprüft, daß keiner übrigbleibt.«

»Da sehen Sie, ich habe recht; wären Sie kein alter Schlauch, würde Ihr neuer Inhalt sachte, sachte Teil von Ihnen werden, und die Verwirklichung Ihrer Vorsätze verlöre das Bittere, indem sie zur Gewohnheit würden.«

Sie schüttelte den Kopf. »Dergleichen verliert nie das Bittere«, sagte sie, »und darum halte ich an ihnen auch nicht bis in den Sommer fest. Wenn der Mai kommt, überlasse ich mich wie der Rest der Welt der Fröhlichkeit, viel zu sehr mit Glücklichsein beschäftigt als mich mit etwas abzugeben, das ich mir vielleicht in kalten und dunklen Tagen vorgenommen habe.«

›Und genau darum liebe ich sie‹, dachte ich. Sie sagt oft, was ich fühle.

»Ich frage mich«, fuhr sie nach einer Pause fort, »ob Männer je Vorsätze fassen?«

»Ich glaube nicht. Nur Frauen schwelgen in solchem Luxus. Wenn man nichts anderes zu tun hat, ist es ein angenehmes Gefühl, sich grenzenlosem Schmerz und ewiger Reue hinzugeben und vor Zerknirschung fast zu vergehen; doch ist das albern. Warum soll man über Geschehenes weinen? Warum soll man sich ungehörig benehmen, wenn man es später bereut? Niemand verhält sich ungehörig, wenn er es nicht möchte; und niemand bereut wirklich jemals, außer vor Angst, ertappt zu werden.«

»Mit ›niemand‹ meinen Sie natürlich die Frauen«, sagte Irais.

»Selbstverständlich. Die Begriffe sind synonym. Außerdem haben Männer meistens den Mut zu ihren Überzeugungen.«

»Ich hoffe, Sie lassen sich das nicht entgehen, Miss Minora«, sagte Irais in dem freundlich-höflichen Ton, den sie jedesmal anschlägt, wenn sie mit jener jungen Person redet.

Es ging auf Mitternacht zu; wir saßen um den Kamin, warteten auf den Beginn des Neuen Jahres und nippten am Glühwein, den der Grimmige an einem kleinen Tisch zubereitet hatte. Er war heiß und süß und ziemlich widerlich, aber es gehört sich, ihn an diesem besonderen Abend zu trinken, was wir natürlich auch taten.

Minora hat weder Irais noch mich gern. Wir merkten das ziemlich bald und lachen darüber, wenn wir unter uns sind. Ich kann verstehen, daß sie Irais nicht mag, aber sie muß schon ein wunderliches Geschöpf sein, wenn sie mich nicht mag. Irais hat sich über sie lustig gemacht, wohingegen ich hoffentlich immer sehr freundlich war; dennoch rangieren wir in ihrem schwarzen Notizbuch in derselben Kategorie. Es ist auch nur zu offensichtlich, daß sie den Grimmigen als ein interessantes Beispiel für einen malträtierten und mißverstandenen Ehemann betrachtet; und sie neigt dazu, ihn unter ihre Fittiche zu nehmen und ihn bei jeder Gelegenheit gegen uns zu verteidigen. Er spricht nie mit ihr. Er war ja schon immer ein Mann von wenigen Worten, aber betreffs Minora bräuchte er überhaupt keine Zunge zu haben. Undurchdringlich wie eine Sphinx sitzt er da, während sie uns wegen irgendeiner profanen Bemerkung über ihn zur Rede stellt. Eines Abends, einige Tage nach ihrer Ankunft, gebärdete sie sich richtig ausgelassen und versuchte neckisch mit ihm zu sein; was sich seitdem wieder gegeben hat; aber ebensogut könnte man es mit einem Götzenbild versuchen. Die Frau eines der Bediensteten hatte gerade einen Jungen geboren, den ersten nach einer Serie von fünf Töchtern, und zum Essen tranken wir auf das Wohl aller Hauptbeteiligten; der Grimmige ließ den glücklichen Vater sein Glas in einem Zug austrinken, die Hacken in militärischer Haltung fest zusammengeschlagen. Minora hielt dies für einen typisch deutschen Brauch und machte sich nicht nur Notizen darüber, sondern trank auch selbst eifrig mit, wonach sie neckisch wurde.

Als erstes schlug sie vor, uns einen Tanz beizubringen, der, glaube ich, Washington Post heißt und der, wie sie sagte, viel in England getanzt werde; und um uns zum Lernen zu bewegen, spielte sie die Melodie auf dem Klavier vor. Wir blieben ungerührt ob seiner Schönheit, jeder in seinem Armsessel vergraben, die Zehen am warmen Feuer. Auch die Zehen des Grimmigen, der friedlich lesend dasaß und rauchte. Minora erbot sich, uns die Schritte zu zeigen, und als wir uns immer noch nicht regten, tanzte sie allein hinter unseren Sesseln. Irais wandte nicht einmal den Kopf, um ihr zuzuschauen, und ich war die einzige, die die Liebenswürdigkeit und Höflichkeit hatte. Verdiene ich es also, in Minoras Liste von unangenehmen Leuten Seite an Seite mit Irais zu stehen? Gewiß nicht. Doch stehe ich todsicher dort.

»Natürlich gehört Musik dazu«, bemerkte Minora atemlos, vor- und zurückspringend zwischen den Sesseln und wandte sich scheinbar an mich; ihr Blick galt aber dem Grimmigen.

Niemand reagierte.

»Hach, ein so *reizender* Tanz«, sagte sie nach weiteren Drehungen ganz außer Puste.

Keine Reaktion.

»Und daheim große Mode.«

Keine Reaktion.

»Lassen Sie mich es Ihnen doch beibringen. Wollen *Sie* es denn nicht versuchen, gesalbtes Haupt?«

Sie trat dabei vor ihn hin und machte einen kleinen Knicks. So redet sie ihn immer an und übersieht dabei völlig, was jedem anderen sonnenklar ist, daß er sich darüber ärgert.

»Na kommen Sie schon, legen Sie den langweiligen alten Schinken weg«, fuhr sie unbekümmert fort, als er keine Anstalten machte. »Ich bin überzeugt, es ist irgend etwas Knochentrockenes über Landwirtschaft, das Sie bloß einschläfert. Tanzen ist viel besser für Sie.«

Irais und ich blickten uns erschrocken an. Ganz sicher wurden wir beide blaß, als sich das unselige Mädchen tatsächlich gewaltsam seines Buches bemächtigte und mit einem gespielten kleinen Aufschrei damit ins Nebenzimmer rannte;

sie hatte es an die Brust gedrückt und warf dem Grimmigen beim Weglaufen einen verschmitzten Blick über die Schulter zu. Dann stand der Grimmige langsam auf, klopfte die Asche von seiner Zigarre ab, schaute auf die Uhr und ging durch die entgegengesetzte Tür in seine Privatzimmer, wo er für den Rest des Abends blieb. Sie ist, wie ich zugeben muß, seitdem nie wieder neckisch gewesen.

»Hoffentlich hören Sie zu, Miss Minora«, sagte Irais, »denn diese Art Gespräch dürfte Ihnen hilfreich sein.«

»Ich höre immer zu, wenn man vernünftig redet«, erwiderte Minora und rührte ihren Grog um.

Irais schaute sie mit leicht hochgezogenen Augenbrauen an. »Stimmen Sie der Beschreibung der Frauen durch unsere Gastgeberin zu?« fragte sie nach einer Pause.

»Ein ›niemand‹ zu sein? Nein, natürlich nicht.«

»Und doch hat sie recht. Vom Standpunkt des Gesetzes aus sind wir in unserem Land wörtlich ein ›niemand‹. Wußten Sie, daß es Frauen hier nicht erlaubt ist, zu politischen Versammlungen zu gehen?«

»Wirklich?« Prompt wurde das Notizbuch aufgeschlagen.

»Das Gesetz verbietet es den Frauen, Kindern und Schwachsinnigen ausdrücklich, an solchen Versammlungen teilzunehmen.«

»Kindern und Schwachsinnigen – das leuchtet mir ein«, sagte Minora, »aber Frauen... und gleichgestellt mit Kindern und Schwachsinnigen?«

»Gleichgestellt mit Kindern und Schwachsinnigen«, wiederholte Irais und nickte ernst mit dem Kopf. »Wußten Sie, daß das Gesetz es Frauen jeglichen Alters verbietet, oben im Omnibus oder in der Tram zu fahren?«

»Nicht möglich!«

»Wissen Sie warum?«

»Keine Ahnung.«

»Nun, weil die schon sitzenden Fahrgäste vielleicht einen

Blick auf die Strümpfe über den Fesseln der Auf- und Absteigenden erhaschen könnten.«

»Aber was...«

»Wußten Sie, daß die Moral der deutschen Öffentlichkeit so wankend ist, daß schon ein solcher Anblick ihr verhängnisvoll wäre?«

»Aber ich verstehe nicht, wie Strümpfe...«

»Mit Streifenmuster«, sagte Irais.

»Und gestopften Stellen«, fügte ich hinzu.

»... verrucht sein könnten?«

»›Der verruchte Strumpf oder Ist Deutschland reif für den Reifrock‹«, sagte Irais. »Merken Sie sich das als Titel für Ihr nächstes Buch über Deutschland.«

»Ich weiß nie«, beklagte sich Minora und ließ ihr Notizbuch sinken, »ob Sie es ernst meinen oder nicht.«

»Ach nein?« fragte Irais süß.

»Stimmt es«, wandte sich Minora an den Grimmigen, der im Hintergrund mit seinen Zitronen beschäftigt war, »daß Ihr Gesetz Frauen in eine Klasse mit Kindern und Schwachsinnigen einstuft?«

»Gewiß«, kam die rasche Antwort, »und wahrlich eine sehr zutreffende Klassifizierung.«

Wir sahen alle verblüfft aus. »Das ist hart«, sagte ich schließlich.

»Die Wahrheit, meine Liebe, ist immer hart«, sagte er darauf behaglich und fügte hinzu: »Wäre ich dazu bevollmächtigt, ein neues Gesetzbuch herauszugeben, und hätte die Ehre gehabt, dem Gespräch von euch drei jungen Damen zu lauschen wie zuvor, würde ich genau dieselbe Klassifizierung vornehmen.«

Selbst Minora war diesmal erbost.

»Sie sagen uns unverblümt ins Gesicht, daß wir schwachsinnig sind«, sagte Irais.

»Schwachsinnig? Nein, nein, keineswegs. Aber Kinder –

nette kleine reizende Kinder. Ich höre euch nur allzu gern beim Reden zu. Es klingt alles so unverdorben und frisch, was ihr denkt und meint, und ist völlig bedeutungslos für jedermann.«

»Völlig bedeutungslos?« rief Minora aus. »Was wir meinen, ist allerdings für uns von größter Bedeutung.«

»Machen Sie sich über unsere Meinungen lustig?« wollte Irais eisern wissen.

»Nicht um alle Welt. Ich würde mitnichten eure hübschen kleinen Meinungen durcheinander bringen oder ändern wollen. Euer größter Charme ist es eben, daß ihr immer etwas meint. Wie trostlos wäre unsere Lage, wenn junge Damen nur an Tatsachen glaubten und nie den Beteuerungen anderer, sondern es vorzögen, den eigenen Augen Glauben zu schenken! Sie hätten keine Illusionen, und eine Frau ohne Illusionen ist im Umgang das langweiligste und komplizierteste Ding.«

»Ding?« protestierte Irais.

Der Grimmige, der ansonsten recht schweigsam ist, gleicht das von Zeit zu Zeit aus, indem er unnötig lange Reden schwingt. Er stellte sich mit dem Rücken zum Feuer, ein Glas Glühwein in der Hand. Minora hatte bisher kaum seine Stimme gehört, so still war er seit ihrer Ankunft gewesen, und saß jetzt da mit gezücktem Bleistift, bereit, für alle Zeit die Weisheit festzuhalten, die von seinen Lippen fließen mochte.

»Was würde aus der Poesie, wenn die Frauen so vernünftig würden, daß sie für die poetischen Platitüden der Liebe nur noch taube Ohren hätten? Daß Liebe in Platitüden schwelgt, werden Sie vermutlich zugeben.« Er blickte dabei Irais an.

»Ja, es ist immer genau dasselbe«, räumte sie ein.

»Wer könnte noch hübsche Worte über die Schönheit der gemeinsamen Opferung auf dem Altar der Liebe murmeln, wenn die mangelnde Vorstellungskraft der Zuhörerin es ihr ermöglichte, nur *eine* Leidtragende ausmachen zu können, nämlich sie selbst?«

Minora schrieb Wort für Wort auf – möge es ihr von Nutzen sein.

»Wer würde noch den Mut haben zu behaupten, er werde, falls nicht erhört, alsogleich sterben, wenn seine Beteuerungen bloß die Empfehlung entlockten, er möge doch Diät halten und sich reichlich im Freien tummeln? Frauen sind für solche Lügen selbst verantwortlich, da sie ihnen Glauben schenken. Ihre erstaunliche Eitelkeit bringt sie dazu, Schmeicheleien plumpester Machart zu schlucken, die eigentlich Beleidigungen sind; und Männer werden immer bereit sein, genau so viele Lügen zu erzählen, wie eine Frau hinzunehmen bereit ist. Wer gibt sich verwegener den rasantesten Übertreibungen hin als ein Liebhaber, der hofft und noch nichts erreicht hat? Er wird, wie die Nachtigall, unaufhörlich seine Tremolos singen und all seine Kunst entfalten und rastlos die süßesten Melodien wiederholen, bis er das Ersehnte erhält, wonach sein Gesang, wie der der Nachtigall, schlagartig verstummt, um nie wieder zu ertönen.«

»Notieren Sie sich das«, murmelte Irais Minora an ihrer Seite zu – ein unnötiger Rat, da ihr Bleistift schon blitzschnell übers Papier fuhr.

»Die Eitelkeit der Frau ist so grenzenlos, daß sie, nachdem sie neunundneunzig Mal Anschauungsunterricht über den Unterschied zwischen Versprechen und Einhalten und über schönes, aber hohles Gerede bekommen hat, beim hundertsten Mal genauso bereitwillig und verzückt den beredten Schmeicheleien Gehör schenkt wie schon bei der allerersten Geschichte. Was können denn da die Ermahnungen der willensstarken Schwester, die keinerlei diesbezügliche Erfahrungen aufzuweisen hat, bei solch einer Frau ausrichten? Sinnlos, ihr zu sagen, daß sie die Leidtragende des Mannes und sein Spielzeug ist, daß sie betrogen, unterdrückt, reglementiert, verspottet und in jeder Hinsicht schäbig behandelt wird – denn das ist nicht der ganze Sachverhalt. Sie ist ganz einfach das Opfer ihrer eigenen Eitelkeit, und gegen den Glauben an ihre eigenen Reize, gegen das Ureigenste, das ihrem Leben erst Farbe verleiht, wer soll von einer Frau erwarten, daß sie dagegen zu den Waffen greift?«

»Sind Sie so eitel, Elizabeth?« fragte Irais mit entsetzter Miene, »und haben Sie neunundneunzig Mal bereitwillig den Schmeichelworten Gehör geschenkt, bevor das Schicksal Sie dann endgültig ereilte?«

»Ich bin wohl eine der Vernünftigen«, antwortete ich, »denn keiner hat je das Verlangen gespürt, ich möge seinen Schmeicheleien lauschen.«

Minora seufzte.

»Ich höre gern zu, wie ihr über die Stellung der Frau redet«, fuhr er fort, »und frage mich, wann ihr nur begreifen werdet, daß sie genau die Stellung innehat, für die sie befähigt ist. Sobald sie für eine bessere taugt, kann keine Macht auf Erden sie davon fernhalten. Derweil darf ich euch darauf aufmerksam machen, daß nach Lage der Dinge nur die willensstarken Frauen sich wünschen, den Männern gleichgestellt zu sein, und willensstarke Frauen sind ausnahmslos reizlos. Die hübschen sähen die Männer lieber als ihre Sklaven denn als Gleichgestellte.«

»Wissen Sie«, sagte Irais finster dreinblickend, »ich betrachte mich als willensstark.«

»Und stehen niemals vor Mittag auf?«

Irais errötete. Auch wenn ich ihr Vormittagsverhalten nicht gutheiße, paßt es mir in vielerlei Hinsicht ganz ausgezeichnet; ich komme so ungestört durch meine Hausarbeit, und immer, wenn sie mir eine Strafpredigt halten möchte, spiele ich auf diese Gewohnheit an. Sie muß derentwegen ein furchtbar schlechtes Gewissen haben, denn normalerweise läßt sie sich nicht so leicht zur Schamesröte bringen.

»Eine Frau ohne Eitelkeit wäre unangreifbar«, begann der Grimmige von neuem. »Wenn ein Mädchen den abschüssigen

Weg ins Verderben einschlägt, wird sie einzig und allein von ihrer eigenen Eitelkeit getrieben; denn in unserer Zeit mit den wachsamen Schutzleuten an jeder Ecke kann keine junge Frau gegen ihren Willen vom Pfad der Tugend abgedrängt werden, und das Geschrei der Entehrten hört man immer erst dann, wenn der Verderber seine Zerknirschtheit über sein verderbliches Tun bekundet. Könnte die Heftigkeit seiner Leidenschaft ewig währen, und könnte er ihr Ohr weiterhin mit den Beteuerungen erfreuen, die sie so liebt, würden keine Frömmigkeits- oder Tugendanwandlungen das Glück seiner Gefährtin stören; denn die traurige Erfahrung lehrt, daß Frömmigkeit erst dort beginnt, wo die Leidenschaft aufhört, und daß die Prinzipien am stärksten dort sind, wo die Versuchung schwach vertreten ist.«

»Aber was hat das alles mit uns zu tun?« erkundigte ich mich finster.

»Ihr wart unzufrieden damit, wie unser Gesetz euch Frauen klassifiziert, und ich habe nur vor, das zu rechtfertigen«, antwortete er. »Geschöpfe, die ständig *›ja‹* zu allem sagen, was ein Mann vorschlägt, wenn niemand sie dazu zwingen kann und wenn es so oft verhängnisvoll ist, sind ganz offensichtlich nicht zurechnungsfähig.«

»Du wirst das Wörtchen von mir nie wieder hören, mein lieber Gatte«, sagte ich.

»Und *diese* verhängnisvolle Schwäche ist nicht die einzige«, fuhr er fort, »was gibt es denn nun, rein sachlich gesprochen, was euch von Kindern unterscheidet? Ihr seid älter, aber nicht weiser – ja, nicht einmal so weise, denn mit den Jahren verliert ihr den gesunden Menschenverstand, den ihr als Kinder noch hattet. Habt ihr je gehört, daß sich eine Gruppe von Frauen vernünftig miteinander unterhalten hätte?«

»Ja – wir zum Beispiel!« riefen Irais und ich in einem Atemzug aus.

»In müßigen Augenblicken war es reizvoll für mich, ihrem

Gespräch zu lauschen«, fuhr der Grimmige fort. »Es machte mir Spaß, ihren boshaften Geschichtchen zuzuhören, die sie über ihre abwesenden besten Freundinnen erzählten, die gehässigen kleinen Seitenhiebe zu bemerken, die sie ihren anwesenden besten Freundinnen zuteil werden ließen, die völlige Ungläubigkeit zu beobachten, mit der sie den Bericht einer anderen Frau von ihren Eroberungen aufnahmen, das strahlende Vertrauen ihrerseits in das eigene Vermögen, ihre sofortige Langeweile, sobald zufälligerweise einmal ein Thema von sogenanntem Allgemeininteresse sich in ihr Gespräch verirrte.«

»Sie müssen bei einem besonders netten Zirkel gewesen sein«, bemerkte Irais.

»Und was die Politik betrifft«, sagte er, »ich habe noch nie gehört, daß Frauen untereinander sie auch nur erwähnen.«

»Kinder und Schwachsinnige interessieren sich nicht für dergleichen«, sagte ich.

»Und wir haben viel zuviel Angst, ins Gefängnis gesteckt zu werden«, sagte Irais.

»Ins Gefängnis?« tönte es von Minora zurück.

»Wissen Sie denn nicht«, sagte Irais und wandte sich ihr zu, »daß Sie große Gefahr laufen, eingesperrt zu werden, wenn Sie über dergleichen reden?«

»Aber warum?«

»Warum? Nun, wenn auch Sie selbst nur Harmloses im Sinn gehabt haben sollten, könnten doch Ihre Worte dem bösen Gemüt Ihrer Zuhörer weniger Harmloses suggeriert haben; folglich greift das Gesetz ein und nennt das *dolus eventualis,* und jeder sagt, wie schrecklich, und schon wandern Sie ins Gefängnis und kriegen die verdiente Strafe.«

Minora sah verwirrt aus.

»Das ist jedoch nicht der wirkliche Grund, warum ihr nicht über Politik redet«, sagte der Grimmige. »Sie interessiert euch ganz einfach nicht. Vielleicht glaubt ihr auch, die Ansichten eurer Freundinnen seien es nicht wert, daß man ihnen zuhört, denn es ist richtig, ihr bekundet einen erstaunlichen Hunger nach Information, wenn Politiker anwesend sind. Ich habe eine junge hübsche Frau erlebt, kaum über zwanzig, die einen ganzen Abend lang dasaß und die dubiosen Weisheiten eines älteren Stars aus der Politik mit allem Anzeichen gespannten Interesses gierig verschlang. Er war ein sogenannter Star des Bimetallismus und verabreichte ihr ganze Ladungen voll Information.«

»Sie wollte aus irgendeinem Grund etwas bei ihm wiedergutmachen«, sagte Irais, »und brachte ihn dazu, ihr sein Steckenpferd zu erklären, und er war dumm genug, darauf hereinzufallen. Wer war denn in dem Fall der Dümmere?«

Sie ließ sich wieder in den Sessel zurückfallen und schaute herausfordernd hoch, wobei sie ungeduldig mit dem Fuß auf den Teppich klopfte.

»Sie wollte für klug gehalten werden«, sagte der Grimmige. »Mich hat verblüfft«, fuhr er nachdenklich fort, »daß sie offensichtlich genauso heiter und glücklich wegging, wie sie gekommen war. Die Erklärung des Bimetallismus ruft normalerweise die entgegengesetzte Wirkung hervor.«

»Nun, sie hat wohl nicht zugehört«, rief Irais aus, »und Ihr dummer Politiker-Star hat sich den ganzen Abend schön an der Nase herumführen lassen.«

»Schwatz nur, schwatz nur, dummer Star,
bimetallic, wunderbar.
Liebst du es auch *to describe*
woman as a dummes Weib;
dümmer aber – offenbar –
bist du selber, Doppel-Star!«

»Sicherlich hatte sie nur sehr wenig verstanden«, sagte der Grimmige, ohne die geringste Notiz von diesem Erguß zu nehmen.

»Und zweifellos hatte auch der Gentleman nicht viel verstanden.« Irais war sichtlich verärgert.

»Sie haben keine hohe Meinung von den Frauen«, sagte Minora sehr kleinlaut. »Aber im Krankenzimmer, nicht wahr, da lassen sie sich durch niemand ersetzen?«

»So Sie an Krankenschwestern denken«, sagte ich, »muß ich Ihnen sagen, daß er wohl hauptsächlich geheiratet hat, damit ihn die eigene Frau pflegt, wenn er krank ist, und nicht eine fremde.«

»Aber«, sagte Minora, bestürzt darüber, wie man ihre Illusionen zerschlug, »das Krankenzimmer ist doch sicherlich der Ort, wo Güte und Zartgefühl der Frau höchst wertvoll sind?«

»Güte und Zartgefühl?« echote der Grimmige. »Ich habe diese Eigenschaften noch nie bei einer berufsmäßigen Krankenschwester angetroffen. Nach meiner Erfahrung ist sie eine unangenehme Person, die in der Pflege eines Kranken eine ausgezeichnete Möglichkeit findet, ihre Überlegenheit über die daniederliegende gewöhnliche Männerwelt zu demonstrieren. Ich kenne keine demütigendere Position für einen Mann, als im Bett zu liegen und die fiebrige Stirn von einer adrett gekleideten fremden Frau abgewischt zu bekommen, die von Wäschestärke und Makellosigkeit nur so strotzt. Er würde die Hälfte seines Einkommens für seine Kleidung geben und wahrscheinlich die andere dafür, daß sie ihn allein läßt und auf Nimmerwiedersehen verschwindet. Er spürt ihre Überlegenheit durch alle Poren; noch nie zuvor hatte er sich klargemacht, wie völlig unterlegen er doch ist; er verhält sich ausgesucht höflich und nichtswürdig versöhnlich; kommt ein Freund zu Besuch, lobt er sie eifrig für den Fall, daß sie hinter dem Wandschirm lauscht; er kann seine Seele nicht sein eigen nennen, und einfach unerträglich ist, daß ihm womöglich nicht einmal sein Körper wirklich gehört. Er hat von helfenden Engeln und der sanften Berührung von Frauenhand gelesen, aber der Tag, an dem er seinem Diener läuten und seine Socken unbeobachtet anziehen kann, erfüllt ihn mit derselben wilden Freude wie den heimwehkranken Schuljungen am Ende seines ersten Trimesters.«

Minora schwieg. Irais' Fuß war lebendiger denn je. Der Grimmige stand da und lächelte gütig auf uns herab. Man kann nicht mit einem Menschen argumentieren, der so völlig von der eigenen Unfehlbarkeit überzeugt ist, daß er nicht einmal zornig auf einen wird; drum saßen wir herum und sagten nichts.

»Wenn Sie«, fuhr er fort und wandte sich direkt an Irais, die aufmüpfig aussah, »die Wahrheit meiner Bemerkungen anzweifeln und noch an der alten poetischen Vorstellung von der edlen, aufopferungsvollen Frau festhalten, die dem Patienten behutsam über die Unebenheiten auf dem Weg zum Tod oder zur Genesung hinweghilft, dann bitte erkunden Sie nächstes Mal, wenn jemand bei Ihnen zu Hause krank ist, selbst, ob die Wirklichkeit auch nur annähernd dem pittoresken Glauben entspricht. Der Engel, der unser Leiden mildern soll, kommt in so fragwürdiger Gestalt daher, daß er dem nüchternen Auge bloß als eine ungewöhnlich selbstsichere junge Frau erscheint, die wohlweislich vor allem Sorge trägt, die eigene Bequemlichkeit zu erhalten, zum Nörgeln über ihre eigene Verpflegung neigt und zu Hilflosigkeit, wo sie hilfreich sein sollte, die geradezu eine Begabung besitzt, sich einzubilden, der Kranke habe sie womöglich beleidigt oder nicht als das überlegene Wesen betrachtet, das zu sein sie sich dünkt, krankhaft besorgt, das Personal könne sie gar vielleicht mit ungehöriger Herzlichkeit behandeln, verdrießlich, wenn der Patient mehr Mühe macht als erwartet, ganz empört und unfreundlich, wenn er in seinem Elend sich erdreistete, sie in der Nacht zu wecken –, eine Verzweiflungstat, deren ich mich einmal schuldig gemacht habe, und *nur* einmal. Ach, diese guuuten Frauen! Welcher Mann bei gesundem Verstand möchte es mit Engeln zu tun haben? Und schon gar nicht wollen wir sie um uns haben, wenn wir krank und elend dran sind und wenn wir all unserer Kraft bedürfen, um unsere zeitweilige Unterlegenheit geduldig ertragen zu können, und uns nicht auch noch überhöflich und devot gegenüber dem guten Engel im Hause geben können.«

Eine Pause folgte.

»Ich wußte nicht, daß Sie so viel reden können, gesalbtes Haupt«, sagte Irais schließlich.

»Was sollen denn Frauen Ihrer Meinung nach tun?« fragte Minora demütig. Irais begann wieder mit dem Fuß auf und ab zu wippen –, war es nicht wurscht, was der Grimmige von uns wollte? »Es gibt nicht genügend Ehemänner für jede von uns«, fuhr Minora errötend fort. »Und der Rest muß ja etwas tun.«

»Stimmt«, antwortete das Orakel. »Studieren Sie die Kunst, durch Kleidung und Auftreten zu gefallen, solange Sie im Alter sind, uns zu interessieren, und vor allem sollten alle Frauen, ob hübsch oder weniger hübsch, verheiratet oder nicht, die Kunst des Kochens studieren. Wenn Sie eine Könnerin in der Küche sind, werden Sie immer hochgeschätzt.«

Ich saß ganz still da. Jede deutsche Frau, selbst die widerspenstige Irais, kann kochen; anscheinend bin ich die einzige, die nicht brav war und es erlernt hat.

»Passen Sie aber nur auf«, dozierte der Grimmige weiter, »daß Sie beim Studieren beider Künste nie die allgemein anerkannte Wahrheit vergessen, daß das Essen den Schmeichelworten vorangeht und nicht umgekehrt. Ein Mann muß sich behaglich fühlen, bevor er Ihnen den Hof macht; und selbst wenn es stimmt, daß er, vor die Wahl gestellt zwischen Spickgans und Küssen, sagen würde, er wolle beides, so würde er doch unweigerlich mit der Spickgans beginnen und mit den Küssen auf sich warten lassen.«

An dieser Stelle stand ich auf, und Irais folgte meinem Beispiel. »Dein Zynismus ist abscheulich«, sagte ich eisig.

»Ihr zwei seid von allem, was ich auch sagen mag, ausgenommen«, meinte er jovial lächelnd.

Er beugte sich herab und küßte Irais' Hand. Sie ist außerordentlich eingebildet auf ihre Hände und behauptet, ihr Mann habe sie derentwegen geheiratet, was ich mir durchaus vorstellen kann. Ich bin froh, daß sie ihr gehören und nicht Minora, denn bei Minora würde es mich fuchsen. Minoras Hände sind knochig, mit nackt aussehenden Knöcheln, vernachlässigten Fingernägeln und nicht gerade schmalem Handgelenk. Ich bin ihr richtig wohlgesonnen, wenn mein Blick auf sie fällt. Sie streckte jetzt die Hand aus, offensichtlich in der Meinung, auch die ihre werde geküßt.

»Wußten Sie«, sagte Irais, als sie die Bewegung sah, »daß der Handkuß hier üblich ist?«

»Und zwar nur bei verheirateten Frauen«, fügte ich hinzu, da ich nicht wollte, daß Minora sich übergangen fühlte, »nie bei jungen Mädchen.«

Sie zog die Hand zurück. »Eine hübsche Sitte«, sagte sie seufzend und notierte es sich nachdenklich.

15. Januar. – Als ich heute morgen zum Frühstück erschien, lagen die Rechnungen für meine Rosen und Pflanzenknollen und sonstigen Gartenschwelgereien vom letzten Jahr alle auf dem Tisch. Ein ziemlicher Schrecken für mich. Gärtnern, scheint mir, ist teuer, wenn man die Ausgaben vom eigenen Taschengeld zahlen muß. Der Grimmige legt nicht den geringsten Wert auf Rosen oder Ziersträucher oder Schonungen oder neue Wege – warum sollte er, fragte er, dafür zahlen? Also tut er's nicht, sondern ich; und ich muß das wieder ausgleichen, indem ich nicht allzu ungehemmt der Kleiderlust fröne, was zweifellos sehr disziplinierend wirkt. Ich ziehe jedoch sowieso den Kauf neuer Rosenbäume dem neuer Kleider vor, wenn ich nicht beides leichthin haben kann; und ich sehe die Zeit kommen, wo meine Gartenleidenschaft so übermächtig wird, daß ich nicht nur gänzlich dem Kauf von Kleidern entsage, sondern auch diejenigen verkaufe, die ich schon habe. Der Garten ist so groß, daß alles massenweise gekauft werden muß; und ich fürchte, ich schaffe es nicht viel länger nur mit einem Gärtner und einem Storch, denn je mehr ich pflanze, desto mehr muß in der unvermeidlichen Trockenzeit gegossen werden, und die Bewässerung ist eine wahrlich schwerwiegende Angelegenheit, wenn es bedeutet, das Wasser den ganzen Tag mit einem kleinen Wasserkarren von einer Pumpe am Haus herbeizuschleppen. Wer in England lebt, in einem fast stets mild-feuchten Klima, hat ja keine Ahnung, was eine Dürreperiode ist. Ist dort mal einige Wochen lang wolkenloses Wetter, gehen dem im allgemeinen tüchtige Regenfälle voraus und weitere kommen hinterher; wir aber haben vielleicht eine Stunde Regen pro Woche, und dann eine Dürre von einem Monat oder sechs Wochen. Die Erde ist sehr locker und trocknet so schnell, daß ich nach dem heftigsten Gewitterschauer dünnbeschuht auf allen Wegen laufen kann; aber um den Garten auch nur mäßig feucht zu halten, müßte es regelmäßig jeden Tag drei Stunden lang in Strömen regnen. Die einzigen Wasserquellen sind hier die Pumpe am Haus oder das Flüßchen, das die östliche Grenze meines Gartens bildet, und auch dieses trocknet aus, wenn es nicht geregnet hat, und dorthin kommt man selbst zur günstigsten Zeit nur schwierig, da seine vergißmeinnichtbewachsenen Ufer ganz steil sind. Ich habe ein einziges Stück feuchtes Torfland, das wie der Hirschwald mit Sandbirken bepflanzt werden soll, dazwischen ein Teppich leuchtender Azaleen. Der übrige Boden ist sandig – geeignet für Kiefern und Akazien, aber nicht für Rosen – doch man staune, was Liebe alles erreichen kann: In meinem Garten gibt es mehr Rosen als andere Blumen! Im nächsten Frühling sollen Bäume, die ich bestellt habe, die kahlen Flächen decken: Fichten hinter den zarten Akazien und den sehr dekorativen Ebereschen, Eichen, Blutbuchen, Ahorn, Lärchen, Wacholder – war es nicht Elias, der sich zum Ausruhen unter einen Wacholder setzte? Ich habe mich oft gefragt, wie er darunter kam. Es ist ein kompaktes Gehölz, das hier nicht mehr als zwei, höchstens drei Meter hoch wird mit ganz dicht zusammengedrängten Zweigen. Möglicherweise schoß der Wacholder dort, wo Elias sich aufhielt, mehr in die Höhe. Wenn die Kinder erwachsen und mürrisch geworden sind, wird es hier sehr hübsch sein, und dann mögen sie es vielleicht nicht; und sollten sie des Grimmigen Gleichgültigkeit Gärten gegenüber geerbt haben, lassen sie ihn verwildern und in den Zustand zurücksinken, in dem ich ihn vorgefunden habe. Oder vielleicht weigern sich auch die drei Ehemänner, darin zu leben oder überhaupt in solch eine Abgeschiedenheit zu ziehen, und dann ist natürlich sein Schicksal besiegelt. Mein einziger Trost ist, daß in der Einöde keine Ehemänner gedeihen und daß die drei lange warten müssen, bis sie allesamt mit einem versorgt sind. Von andern Müttern höre ich, es sei schon ein fürchterliches Geschäft, *einen* Ehemann zu finden; wieviel mühsamer dann wohl, sich gleichzeitig nach dreien umschauen zu müssen! – die Mädchen sind ja im Alter nicht so weit auseinander, und beinah wären die beiden jüngsten Zwillinge geworden. Aber ich werde mich nicht darum kümmern. Ich kann mir nichts Unbehaglicheres vorstellen als einen Schwiegersohn, und außerdem glaube ich nicht, daß ein Ehemann für ein Mädchen überhaupt etwas Gutes ist. Ich werde in den Jahren, die mir zur Verfügung stehen, mein Bestes tun, sie so zu erziehen, daß sie den Garten lieben und das Leben im Freien und sogar die Landwirtschaft; wenn sie nämlich einen Funken ihrer Mutter in sich haben, brauchen und wollen sie nichts anderes. Meine Hoffnung auf Erfolg ist jedoch äußerst gering, und wahrscheinlich erwartet mich eine gräßliche Zeit, wenn man mich im Winter jeden Tag auf die Bälle in den entfernten Städten schleppt – armes altes Mütterchen, das am hellichten Tag im Gesellschaftskleid fröstelt, nach einem hastigen Mittagessen zum Aufbruch gedrängt, und nicht hoffen darf, vor dem Frühstück am anderen Morgen nach Hause zu kommen. Sie haben nämlich schon jetzt ein beunruhigendes Verlangen an den Tag gelegt, auf »Partings« zu gehen, wie sie es nennen, das Aprilkind hat schon die Absicht geäußert, mit zwölf damit anzufangen. »Bist *du* zwölf, Mutti?« fragte sie mich.

Der Gärtner wird uns am ersten April verlassen, und ich bemühe mich um einen neuen. Es ist bitter, so oft wechseln zu müssen – in zwei Jahren werde ich drei Gärtner gehabt haben –, denn bei jedem Wechsel leidet notgedrungen ein Großteil meiner Pflanzen und Pläne. Samen geht verloren, Sämlinge werden nicht rechtzeitig ins Freie gepflanzt, und draußen herrscht Verwirrung und in meinem Innern Verzweiflung. Er hatte eigentlich die Köchin heiraten wollen, doch die sah einen Geist und kündigte auf der Stelle, und er wird ihr, sobald er kann, nachfolgen und siecht in der Zwischenzeit merklich dahin. Was sie erblickte, waren verschlossene Türen, die sich von allein mit viel Getöse *auf der Seite der Angeln* öffneten, worauf jemand Unsichtbares sie verfluchte. Diese Erscheinungen laufen nun unter der Bezeichnung »der Geist«. Sie bat darum, sofort gehen zu dürfen, da sie noch nie eine Anstellung gehabt habe, wo es spukte. Ich schlug ihr vor, sie solle versuchen, sich daran zu gewöhnen; aber sie meinte, das sei Zeitverschwendung, und sie sah so elend aus, daß ich sie gehen ließ, und der Garten muß es büßen. Ich weiß nicht, warum es Köchinnen bestimmt sein soll, solch interessante Dinge zu erleben, die mir vorenthalten werden, aber ich hatte seit ihrem Weggang zwei Nachfolgerinnen, und beide haben den Geist gesehen. Minora wird immer ganz still, wenn die Schlafenszeit heranrückt, und Irais und mir gegenüber nachsichtiger; und nachdem sie uns tagsüber ständig gezeigt hat, wie wenig sie von uns hält, beginnt sie, sobald die Kerzen fürs Schlafzimmer gebracht werden, anhänglich zu werden. Sie hat sich schon einige Male besorgt erkundigt, ob Irais auch ganz gewiß allein schlafen wolle.

»Wenn Sie Angst haben, leiste ich Ihnen gern Gesellschaft«, sagte sie. »Ich versichere Ihnen, mir ist es recht.«

Aber Irais fällt auf derlei durchsichtige Tricks nicht herein und hat mir gesagt, lieber schlafe sie mit fünfzig Geistern zusammen als mit *einer* Minora.

Seit Miss Jones so unerwartet ans Krankenbett ihrer Mutter gerufen wurde, habe ich viel mit den Kleinen zu tun gehabt; und das ist herrlich ohne Erzieherin, so daß ich eine Neueinstellung gern um noch ein Jahr oder auch zwei hinausschieben würde, käme ich nicht unter das wachsame Auge des Gesetzes, dem zu entfliehen jeder Deutsche sich ein Leben lang müht. Das Aprilkind wird nächsten Monat sechs, und nach ihrem sechsten Geburtstag müssen wir zu jeder Zeit mit einem Besuch des Schulinspektors rechnen, der neugierig den Stand ihrer Erziehung überprüft, und sollte dieser nicht ganz der geforderten Norm entsprechen, könnten den schuldigen Eltern die gräßlichsten Dinge bevorstehen: beginnend wahrscheinlich bei Geldbußen und sich allmählich bis zu Kerkerstrafen steigernd, wenn wir infolge der lehrerfreien Zeit zwischen zwei Erzieherinnen und der Mühe, die richtige zu finden, auf unseren üblen Gewohnheiten beharrten. Die Schatten von Kerkermauern bedrohen bereits den Heranwachsenden, und sein Lebtag ist der Teutone derart von allgegenwärtigen Gefängnissen umstellt, daß er wirklich sehr behutsam auftreten muß, wenn er draußen bleiben und für ihre Erhaltung zahlen möchte. Kultivierte Personen versäumen es in der Regel nicht, ihrem Nachwuchs Lesen und Schreiben beizubringen, ebenso das Gebeteaufsagen, und sind geneigt, das Eindringen eines schnüffelnden Inspektors in ihr Heim übelzunehmen; aber das spielt schließlich keine große Rolle, und es tut uns allen wohl sehr gut, Angst zu haben. Ein Philosoph aus meiner Bekanntschaft erklärt sogar, daß man ohne regelmäßig und richtig

Angst zu haben, es nie zu etwas bringt. Vor dem Gesetz sind wir alle Sünder, und jeder gilt solange als schuldig, bis sich seine Unschuld herausgestellt hat.

Minora hat soviel von den Kleinen mitgekriegt (nachdem sie vergeblich versucht hatte, ihnen einige Tage aus dem Weg zu gehen), daß es ihr besser schien, sich damit abzufinden und das Beste draus zu machen, indem sie die Kinder als Material betrachtet und damit ein Kapitel ihres Buches füllen will. Darum gewöhnte sie sich an, ihnen dauernd auf den Fersen zu bleiben, war bei ihrem Aufstehen dabei und bei ihrem Zubettgehen, zog sie wenn möglich ins Gespräch, ein intelligentes natürlich, begleitete sie in den Garten hinaus, um ihr Verhalten beim Schlittenfahren mit einem großen Hund zu studieren, und machte ihnen im allgemeinen das Leben zur Last. Das ging so drei Tage lang, danach setzte sie sich hin, um das Ergebnis auf der Schreibmaschine des Grimmigen festzuhalten, die sie sich immer dann ausleiht, wenn ihre Notizen für ein Kapitel den Reifegrad erreicht haben, der ihr unerläßlich erscheint für den Vorgang, den sie als das ›In-Form-Bringen‹ bezeichnet. Sie tippt alles auf der Schreibmaschine, selbst ihre Privatbriefe.

»Vergessen Sie nicht, etwas über das Knie einer Mutter anzubringen«, sagte Irais. »Man kann ohne das nicht wirkungsvoll über Kinder schreiben.«

»Oh, natürlich, ich werde das erwähnen«, antwortete Minora.

»Und die rosigen Zehen«, fügte ich hinzu. »Zehen gehören immer dazu, und sie sind nie anders als rosig.«

»Das habe ich schon irgendwo«, sagte Minora und blätterte in ihren Aufzeichnungen.

»Obwohl im Grunde Kinder eigentlich keine Besonderheit der Deutschen sind«, sagte Irais. »Mir leuchtet nicht ein, was sie in einem Reiseführer von Deutschland zu suchen haben. Elizabeths Kinder haben sämtlich die allseits übliche

Anzahl von Armen und Beinen und sind genau wie englische Kinder.«

»Oh, sie können aber nicht *genau* so sein, wissen Sie«, sagte Minora mit irritiertem Gesichtsausdruck. »Es muß einen Unterschied machen, wenn man hier in dieser Gegend lebt und solch seltsames Zeug ißt und ganz ohne Arzt auskommt und nie krank ist. Kinder, die nie Masern oder dergleichen gehabt haben, können nicht genau wie andere Kinder sein; es muß alles in ihrem Organismus stecken und aus irgendeinem Grund nicht heraus können. Und ein Kind, das mit Hühnerfleisch und Reispudding aufgewachsen ist, muß sich von einem Kind unterscheiden, das Spickgans und Leberwürste ißt. Und sie *sind* verschieden; ich kann nicht sagen, wie, aber sie sind es bestimmt; und ich glaube, wenn ich sie anhand des in den drei letzten Tagen gesammelten Materials ruhig beschreibe, stoße ich womöglich auf die Punkte, in denen sie sich unterscheiden.«

»Warum sich über Unterschiede den Kopf zerbrechen?« fragte Irais. »Ich würde etwas Kleines, Konkretes schildern und mich dabei auf Übliches berufen, wie zum Beispiel Knie und Zehen, und das Ganze leicht rührend machen.«

»Das ist für mich aber keineswegs eine leichte Aufgabe«, klagte Minora. »Ich habe so wenig Erfahrung mit Kindern.«

»Warum dann überhaupt darüber schreiben?« fragte jene vernünftige Person namens Elizabeth.

»Ich habe genauso wenig Erfahrung wie Sie«, sagte Irais, »ich habe keine Kinder; aber wenn Sie nicht gerade atemberaubende Originalität anstreben, ist nichts leichter, als nette kleine Anmerkungen über sie zu machen. Ich könnte es wohl zu einem Dutzend in der Stunde bringen.«

Sie hockte sich an den Schreibtisch, nahm einen alten Brief und kritzelte darauf einige Minuten. »Da«, sagte sie und schob ihn Minora hin. »Sie können's haben – rosige Zehen und alles zusammen.«

Minora setzte ihre Brille auf und las vor: »Wenn meine Kleine zur Schlafenszeit die Augen schließt und ihr Nachtgebet aufsagt, erfüllt sich mein ermatteter und geschundener Geist mit Ehrfurcht. Allerlei undeutliche Erinnerungen drängen mir ins Gemüt – Erinnerungen an meine Mutter und mich selbst als kleines Wesen – wieviele Jahre ist das her! – an die süße Hilflosigkeit, im Halbschlummer von ihren Armen hochgehoben, ausgezogen und ins Bettchen gelegt zu werden, ohne dabei aufzuwachen; Erinnerungen an die Engel, an die ich glaubte, an Babies, die direkt vom Himmel kommen und die, solange sie brav sind, immerzu von weißen Flügeln behütet werden – an all den lieben poetischen Unsinn, den ich lernte, genauso wie mein Kind jetzt, ans Knie der Mutter geschmiegt. Die Kleine hat keine Ahnung von der Schönheit dieser bezaubernden Sachen, die man ihr erzählt, und starrt einen mit weitaufgerissenen Augen an, mit Himmelsäuglein, während ihre Mutter vom Himmel spricht, aus dem sie erst vor kurzem gekommen sei, und Geist und Körper lassen sich durch Brot in Milch leicht stärken. Mit zwei Jahren versteht sie die Engel noch nicht, dafür aber Brot und Milch; mit fünf hat sie vage Vorstellungen von ihnen, zieht aber Brot und Milch vor; mit zehn sind Brot und Milch und auch die Engel im Kinderzimmer vergessen, und sie hat schon herausgefunden, daß sie Luxus sind und nicht notwendig für ihr alltägliches Leben. In späteren Jahren ist sie vielleicht abgeneigt, eine Wahrheit aus zweiter Hand anzuerkennen, besteht vielleicht auf selbständigem Denken, meint es ernst damit, überlebte Traditionen abzuschütteln, ist vielleicht unermüdlich in ihrem Bemühen, dem hohen moralischen Anspruch gemäß zu leben und stark und rein und gut zu sein ...«

»Wie Tee«, erklärte Irais.

»... doch wird sie bei all ihren Tugenden nie ein Tausendstel des Charmes besitzen, den sie ausstrahlte, als sie mit ruhigen Lidern lispelnd ihre ersten Abendgebetslieder sang, kniend ans

Knie ihrer Mutter gelehnt. Wie liebe ich es, zur Schlafenszeit hereinzukommen und am Fenster beim Sonnenuntergang sitzend den Mysterien ihres Zubettgehens zuzusehen. Ihre Mutter badet sie, denn sie ist viel zu kostbar, als daß irgendein Kindermädchen sie anfassen dürfte, und dann wird sie in ein großes Badetuch eingewickelt, und nur ihre kleinen rosigen Zehen lugen heraus; und wenn sie gepudert und gekämmt und in ihr Nachthemd gehüllt ist und all ihre Löckchen zu Berge stehen und ihre kleinen Ohren glühen, wird sie auf den Schoß ihrer Mutter gesetzt, ein kleines Päckchen wohlriechenden Fleischs, und ihr Gesichtchen spiegelt während ihres Abendgebets um Gottes Erbarmen und Frieden die Ruhe des mütterlichen Gesichts wieder. –«

»Das ist sehr, sehr merkwürdig!« sagte Minora, als sie zu Ende gelesen hatte. »Genau das wollte ich sagen.«

»Oh, dann habe ich Ihnen die Mühe erspart, es aufzusetzen. Sie können es, wenn Sie wollen, abschreiben.«

»Aber haben Sie einen ermatteten Geist, Miss Minora?« fragte ich.

»Also, ich finde das einen gelungenen Einfall«, antwortete sie. »Dadurch glauben die Leute unweigerlich, ein Mann habe das Buch geschrieben. Wissen Sie, ich lege mir nämlich das Pseudonym eines Mannes zu.«

»Das habe ich mir doch gleich gedacht«, sagte Irais. »Sie werden sich John Jones oder George Potts nennen oder sonst einen biederen gewöhnlichen Namen finden, um Ihre Kompromißlosigkeit gegenüber allen weiblichen Schwächen zu betonen, und niemand wird sich täuschen lassen.«

»Also ich finde wirklich, Elizabeth«, sagte Irais später zu mir, als man das Schreibmaschinengeklapper im Nebenzimmer nicht mehr so gleichmäßig hörte, »daß wir beide das Buch für sie schreiben. Sie notiert sich alles, was wir sagen. Warum bloß schreibt sie all den Kram vom Baby ab? Ich frage mich, warum die Knie einer Mutter als ›rührend‹ gelten? Ich habe an oder auf Mutterknien nie etwas gelernt, Sie etwa? Aber schließlich waren es in meinem Fall nur die Knie der Stiefmutter, und niemand singt je deren Loblied.«

»Meine Mutter ging immer auf Gesellschaften«, sagte ich, »und das Kindermädchen ließ mich die Gebete auf französisch sagen.«

»Und was Wannen und Puder betrifft«, fuhr Irais fort, »als ich klein war, war so was nicht Mode. Es gab überhaupt keine Badezimmer und Wannen; uns wurden die Gesichter und Hände gewaschen und basta, im Zimmer gab es ein Fußbad, und im Sommer gingen wir schwimmen und wurden anschließend gleich ins Bett gesteckt vor Angst, wir könnten uns erkälten. Meine Stiefmutter kümmerte sich nicht viel um uns; sie trug ständig rosarote Spitzenkleider, und je älter sie wurde, desto hübscher wurden ihre Kleider. Wann geht sie?«

»Wer? Minora? Ich habe nicht danach gefragt.«

»Dann tue ich es. Es ist für die Kunst ausgesprochen ungünstig, so vernachlässigt zu werden. Sie ist schon unmäßig lang hier – es müssen schon fast drei Wochen sein.«

»Ja. Sie ist am selben Tag wie Sie gekommen«, sagte ich freundlich.

Irais war still. Hoffentlich sann sie darüber nach, daß es nicht schlimmer ist, die eigene Kunst zu vernachlässigen als den Ehemann, und ihr Mann liegt die ganze Zeit schon krank im Bett, während sie ihre Tage angenehm mit mir verbringt. Sie neigt dazu, zu vergessen, daß sie ein Heim hat und andere Aufgaben auf der Welt, als hier zu verweilen und mit mir zu plaudern, zu lesen, zu singen und sich über irgendein Opfer lustig zu machen, die Kleinen zu küssen und Wortgefechte mit dem Grimmigen zu führen. Natürlich liebe ich sie – sie ist so hübsch, daß jeder mit Augen im Kopf sie lieben muß –, aber zuviel des Guten bekommt nicht, und im nächsten Monat sollen die Korridore und die Amtsräume getüncht werden, und wer jemals sein Haus innen hat tünchen lassen, weiß, wie angenehm der Aufenthalt dort während der Arbeit ist, und es wird keine großen Essen für Irais geben und keinen üppigen Salat mit Kümmelkörnern, wie sie ihn so hingebungsvoll liebt. Ich werde ihre Gedanken sacht zurück zu ihren Pflichten lenken, indem ich mich jeden Tag besorgt nach der Gesundheit ihres Mannes erkundige. Sie mag ihn nicht besonders, weil er nicht jedesmal, wenn sie sich erhebt und aus dem Zimmer geht, zur Tür hinrennt und sie aufhält; und obwohl sie ihn darum gebeten und ihm gesagt hat, wieviel ihr daran liege, tut er es immer noch nicht. Sie war mal zu Besuch in einem Haus, wo es einen Engländer gab, und dessen Flinkheit mit den Türen und Stühlen imponierte ihr dermaßen, daß ihr Mann seitdem keine Ruhe hat, und immer, wenn sie ein Zimmer verlassen muß, wird sie an ihre mißachteten Wünsche erinnert; eine geschlossene Tür gilt ihr als Symbol für ihr gescheitertes Eheleben, und schon ihr bloßer Anblick läßt sie fragen, warum sie auf der Welt ist; das zumindest hat sie mir einmal in einem Ausbruch von Vertrauen erzählt. Er ist ein recht netter, harmloser kleiner Mann, mit dem sich angenehm reden läßt, gutmütig und zu Späßen aufgelegt; aber er glaubt, er sei zu alt, um neue und unbequeme Manieren zu erlernen, und er hat jenen Horror davor, seine Frau könnte ihn bessern, der soviele redliche Männer auszeichnet und den auch der Grimmige teilt, der darauf besteht, sein Glas beim Essen in der linken Hand zu halten, denn täte er es nicht (und ich glaube gar nicht mal, daß er es mag), könnten seine Verwandten sagen, die Ehe habe ihn gebessert, was ihn höllisch quälen würde. Diese Gewohnheit läßt es fast täglich zu einer Auseinandersetzung zwischen einer der Kleinen und mir kommen.

»April, nimm dein Glas in die rechte Hand.«

»Aber Papa tut das auch nicht.«

»Wenn du so alt wie Papa bist, kannst du es halten, wie du willst.«

Erst gestern hat Minora das Ganze noch verschönert, indem

sie eindrucksvoll hinzufügte: »Und denk doch nur mal, wie seltsam es aussähe, wenn *jeder* das Glas so hielte.«

April war hingerissen von der Kraft dieser Betrachtung.

28. Januar. – Es ist bitterkalt, 19 Grad unter Null, doch rundum herrliches, ruhig-heiteres Wetter, und man ist frohgemut und tatkräftig und jedermann wohlgesonnen. Die zwei jungen Damen sind noch immer hier, die Luft ist aber so erhebend, daß ich sogar ihre Last nicht mehr spüre, und außerdem haben sie beide ihre baldige Abreise angekündigt, so daß schließlich ungestört getüncht werden kann und das Haus rechtzeitig in seiner weißen Schürze erscheinen wird, um den Frühling willkommen zu heißen.

Minora hat mein Porträt gemalt und wird es dem Grimmigen zum Abschied schenken; und daß ich es zulasse und ihr demütig unzählige Male gesessen habe, beweist hoffentlich überzeugend, daß ich nicht eitel bin. Als Irais es zum ersten Mal sah, lachte sie Tränen und beauftragte Minora auf der Stelle, auch ihr Porträt zu malen, damit sie es mitnehmen und ihrem Mann zum Geburtstag präsentieren könne – er ist zufällig Anfang Februar. Wäre da nicht tatsächlich dieser Geburtstag, ich glaube sicher, sie hätte überhaupt nicht dran gedacht abzureisen, aber Geburtstage sind bei uns wichtige und ernste Festlichkeiten, die man nicht unbeachtet vorbeigehen lassen darf und die immer in Gegenwart einer Menge wohlwollender Verwandten gefeiert werden (sie kommen von nah und fern, um einem zu sagen, wie jung man sich gehalten habe und man würde es nicht für möglich halten und überhaupt wirklich ganz wunderbar), die wie um einen Opferaltar herumstehen, auf dem dein Alter den Göttern als Brandopfer dargebracht wird in Form von brennenden rötlichen und weißen Kerzen, die in einer ziemlich umfangreich geratenen klebrigen Torte stecken. Die Torte mit den Kerzen ist die Hauptattraktion, und drum herum auf dem Tisch liegen die Geschenke, zu denen jeder mehr oder weniger verpflichtet ist. Da mein Geburtstag in den Winter fällt, bekomme ich Fausthandschuhe, dazu Löschpapierblocks und Photorahmen, und wäre er im Sommer, erhielte ich Photorahmen und Löschpapierblocks und keine Fäustlinge; doch was für Geschenke es auch sein mögen und von wem auch immer sie stammen, sie müssen mit geräuschvollster Dankbarkeit begrüßt werden, mit lautesten Freudenjauchzern und Wörtern wie ›entzückend, reizend, herrlich, wundervoll‹ und ›süß‹, die ständig wiederholt werden, bis das bedauernswerte ›Geburtstagskind‹ endgültig weiß, daß wieder ein Jahr vergangen, daß es älter und weiser geworden ist und ihm das törichte Gehabe und die leeren Wiederholungen noch mehr auf die Nerven gehen. Draußen ist die Flagge gehißt, und den ganzen Vormittag über läuft das Zeremoniell ab, die Torte wird gegessen, Prosits werden ausgebracht, Reden gehalten und die Hände beinah *ab*geschüttelt. Die Pastoren aus der Umgebung fahren vor, und wenn niemand hinschaut, zählen ihre Frauen die Kerzen auf der Torte; die rührige Herrin im nahegelegenen Schloß erübrigt kostbare Zeit und läßt einen Blumentopf abgeben und schlägt mein Alter im Gotha eigenhändig nach; eine Abordnung kommt von den Gutsgebäuden, angeführt von dem Oberaufseher in weißen Glacéhandschuhen, der den Segen Gottes auf die Gnädige Frau erfleht; und die Kleinen sind entzückt, sitzen in einer Ecke und probieren all die Fäustlinge an. Am Abend gibt es ein Festessen für die Verwandten und die wichtigsten Honoratioren der Gegend mit weiterem Toasttrinken und weiteren Reden, und wenn ich am nächsten Tag zum Frühstück erscheine, dankbar, alles überstanden zu haben, erblicke ich den Altar immer noch am alten Platz mit Kuchenkrümeln und Kerzenwachs und was weiß ich, denn jedes hastige Entfernen würde einen höchst elenden Mangel an Gefühl verraten, beklagenswert bei jedermann, skandalös und abscheulich bei einem zartbesaiteten weiblichen Wesen. Alle Geburtstage werden auf diese Art gefeiert, und nicht wenige kluge Leute machen just zu der Zeit, wo ihr Geburtstag anfällt, eine kleine Reise, und ich glaube, ich werde es ihnen nächstes Jahr gleichtun; nur sind gewöhnlich Reisen aufs Land oder an die See im Dezember nicht sonderlich angenehm. Aber führe ich in eine Stadt, träfe ich dort sicherlich Verwandte, und dann würde die Torte wie ein Pilz aus dem fruchtbaren Boden ihrer Zuneigung schießen.

Ich hoffe, es ist aus diesen Seiten bereits ersichtlich geworden, wie erhaben Irais und ich uns den üblichen Schwächen der Menschheit gegenüber zeigen; falls es eines weiteren Beweises bedarf: allein, daß wir beide entgegen aller Tradition dieses Geburtstagszeremoniell geringschätzen, genügt wohl. Als ich Irais vor Jahren kennenlernte, lange bevor wir uns jeweils verheirateten, schickte ich ihr zum Geburtstag einen kleinen Kerzenleuchter aus Messing; und als einige Monate später mein Wiegenfest dran war, schickte sie mir ein Notizbuch. Es blieb unbeschrieben, und zu ihrem nächsten Geburtstag bekam sie es zurück – als Geschenk; sie bedankte sich wie üblich vielmals, und als ich an der Reihe war, erhielt ich den Leuchter zurück. Seitdem erfreuen wir uns abwechselnd am jeweiligen Besitz dieser Dinge, und die Geschenkfrage ist mit einem Minimum an Aufwand und Kosten ein für allemal zufriedenstellend geregelt. Dieses kleine Arrangement wird nie erwähnt, außer wenn wir zu gegebenem Anlaß einen überschwenglichen Dankesbrief abschicken.

Dieses Prachtwetter, wenn zu leben schon eine Lust ist und Stillsitzen am Kaminfeuer nicht in Frage kommt, dauert nun schon länger als eine Woche. Schlittenfahren und Schlittschuhlaufen sind unsere Hauptbeschäftigungen, besonders letzteres, das hier noch faszinierender als anderswo ist, da unsere ganze Gegend ein Netz von kleinen Kanälen ist, die mit einem See und einem dazugehörigen Fluß verbunden sind; und da alles hart und dunkelgrün gefroren ist, können wir meilenweit laufen, ohne zu wenden und denselben Weg zurückkehren zu müssen – was einem ja immer widerstrebt, ja sogar demütigend ist. Irais läuft wundervoll Schlittschuh; allein meine Bescheidenheit hindert mich daran, dasselbe von mir zu sagen, doch ich könnte anmerken, daß alle Deutschen gut eislaufen, einfach weil sie es jedes Jahr drei bis vier Monate lang können, sooft sie wollen. Minora merkte überrascht und verwirrt, daß sie abgehängt worden war und erst mit halbstündiger Verspätung den Ort erreichte, wo sie dann ihrerseits zum Teetrinken kam. An einigen Stellen sind die Kanalufer so hoch, daß nur unsere Köpfe auf gleicher Höhe mit den Feldern erscheinen, und es ist, wie Minora sich notiert hat, ein merkwürdiger Anblick, drei abgeschnittene Frauenköpfe in blendender Laune so dahinfliegen zu sehen. Wenn die Ufer niedrig sind, scheinen wir, je nachdem, mit oder ohne Bein, anmutig über tiefgefurchte Äcker zu gleiten. Bevor wir lossausen, bestimme ich einen Platz, wo uns Tee und ein Schlitten erwarten sollen, wir fahren dann nach Hause zurück; denn Schlittschuhlaufen *gegen* den Wind ist so abscheulich, wie es himmlisch ist, *mit* ihm zu laufen, und eine unfreundliche Natur verfügt, daß er ständig weht, ohne auch nur die mindeste Rücksicht auf unser Behagen zu nehmen.

Gestern fuhren wir zur Abwechslung zu einem Picknick an die Ostseeküste, die zu dieser Jahreszeit zugefroren und an der für uns nächsten Stelle völlig verlassen ist. Ich habe ein Faible für Picknicks, besonders im Winter, wenn die Stechmücken ablassen, einen zu plagen, und die Ameisenhügel unbelebt sind; und von meinen vielen Lieblingspicknickplätzen ist dieser eine an der Ostsee der lieblichste und beste. Da die Fahrt dorthin drei Stunden dauert, ist der Grimmige in seinem Lamento lautstark, sobald sich ein ganz bestimmtes Wetter einstellt, das ja, wie die Erfahrung ihn gelehrt hat, diesen speziellen Ausflug mit sich bringt. Es muß tiefen Schnee geben, strengen Frost, dazu Windstille und wolkenloser Himmel; und sehe ich beim Aufwachen diese Bedingungen erfüllt, bräuchte es einen triftigen Grund, um mich davon abzuhalten, den Schlitten zu bestellen und loszufahren. Es ist, das gebe ich zu, ein schwerer Tag für die Pferde; aber warum sich Pferde halten, wenn sie einen nicht dorthin bringen, wo man sein will, und genau zu dem Zeitpunkt, wo man es möchte? Und warum sollten Pferde nicht genauso schwere Tage haben wie wir alle? Der Grimmige verabscheut Picknicks und hat keinen Blick für die Natur und die zugefrorene See und langweilt sich nur auf der langen Fahrt durch einen Wald, der nicht ihm gehört; eine einzelne Steckrübe auf seinem Besitz erscheint seinem Auge stattlicher als die höchste, rötlichste und geradeste Kiefer, die je ihr schneegekröntes Haupt gegen das Abendlicht erhob. Beachten Sie nun die Überlegenheit der Frau, die sieht, daß beides gut ist, und nachdem sie die Kiefer angeschaut hat und von ihrer Schönheit beglückt ist, nach Hause geht und seelenruhig die Steckrübe ißt. Er ist einmal und dann nie wieder mit zu diesem besonderen Picknickplatz gefahren und ließ uns durch seine Blasiertheit so klein vorkommen, daß ich ihn jetzt nie dazu einlade. Es ist ein herrlicher Fleck, endloser Wald zieht sich die Küste entlang, so weit das Auge reicht; und nachdem man meilenweit hindurch gefahren ist, stößt man plötzlich am Ende eines Tunnels aus Alleebäumen auf das glatte, glitzernde Meer mit den orangefarbenen Segeln ferner Schmacken, die im Sonnenlicht leuchten. Immer wenn ich dort war, ging kein Wind, und das Schweigen war so tief, daß ich meinen Pulsschlag hören konnte. Das Insektengesumm und der jähe Schrei eines Eichelhähers sind im Sommer die einzigen Laute, und im Winter herrscht Totenstille.

Jedes Paradies hat jedoch seine Schlange, und dieses hier wird in der Jahreszeit, die fürs Picknicken wie geschaffen scheint, derart von Stechmücken heimgesucht, daß meine Gäste, die ich mit einem Picknick erfreuen wollte, unweigerlich die Beherrschung verloren und die ansonsten so ruhigen Strände mit Wehgeschrei aufschreckten. Diese verächtlichen und Beachtung doch so hartnäckig erzwingenden Tierchen scheinen nichts anderes zu tun zu haben, als in Heerscharen auf dem Sand zu sitzen und einem Opfer aufzulauern, das die Vorsehung ihnen vielleicht schickt; und sobald die Kutsche erscheint, steigen sie in einer Wolke hoch und stürzen uns zur Begrüßung entgegen, wobei sie uns beinah physisch aus dem Wagen ziehen, und bis zur Abfahrt verlassen sie uns dann nicht mehr. Wenn man plötzlich von der moosigen, kiefernbewaldeten Höhe unmittelbar über dem Picknickplatz das Meer sieht – das herrliche Stück einsamer Küste mit dem Wald bis ans Wasser; die bunten Segel in der blauen Ferne; die Frische, die Heiterkeit, die Weite: all das macht nicht den geringsten Eindruck auf die Picknickteilnehmer, ja, es ist ihnen wegen der steten Notwendigkeit, sich dieser entsetzlichen Geschöpfe erwehren zu müssen, ganz und gar gleichgültig. Als einziger hierher zu kommen und ab und an jemanden mitzubringen ist schön, doch kämen etwas mehr Leute, wären die Stechmücken vielleicht nicht gar so ausgehungert und erfreut, uns zu sehen. Das hat aber den Vorteil, daß man hierhin vorzüglich hartnäkkige Besucherinnen lotsen kann, die schon zu lange geblieben sind oder meine Bücher nachts im Garten haben liegenlassen oder sonstwie zu einer nicht länger tragbaren Last geworden sind; an einem schönen heißen Morgen dann, wenn sie alle ganz schlaff herumhängen, schlage ich aus heiterem Himmel eine Picknickpartie an die Ostsee vor. Ich habe es noch nie erlebt, daß dieser Vorschlag nicht mit Entzückensrufen begrüßt worden wäre.

»Die Ostsee! Sie haben uns nie gesagt, daß sie mit dem Wagen erreichbar ist. Wie *himmlisch,* wenn man an einem solchen Tag Seeluft schnappen kann! Der *Gedanke* allein belebt schon! Und wie *wundervoll,* einmal an der Ostsee zu sein! Ach *bitte,* lassen Sie uns dorthin fahren!« Und dann fahre ich sie.

Aber an einem strahlenden Wintertag ist mein Gewissen so

rein wie die frostige Luft selbst, und gestern morgen brachen wir in ausgelassenster Stimmung auf, sogar Minora neigte dazu, beim geringsten Anlaß loszuprusten. Nur unsere Augen durften aus dem Pelz und der wollenen Verpackung hervorlugen, die für den Kopf unerläßlich waren, wollten wir noch mit den Ohren und Nasen zurückkehren, mit denen wir losgefahren waren; und während der ersten zwei Meilen waren wir wegen dieser Vermummung geradezu von lärmender Fröhlichkeit, was ich bloß erwähne, um zu zeigen, welche Wirkung eine trockene, grimmige Kälte auf gesunde Körper hat und wieviel besser es ist, hinauszugehen und sie zu genießen, als drinnen hocken zu bleiben und zu schmollen. Als wir mit Peitschengeknall und Glöckchengeläute durch das Nachbardorf fuhren, tauchten an den Fenstern Glotzgesichter auf, und das einzige lebende Geschöpf auf der ruhigen, sonnigen Straße war ein melancholisches Huhn mit zerzausten Federn, das uns vorwurfsvoll anblickte, als wir mit soviel Tatendrang über den knirschenden Schnee sausten.

»Oh, du dummer Vogel!« rief Irais ihm im Vorbeifahren zu, »du wirst bald schon ein kaltes Huhn sein, wenn du regungslos so stehenbleibst, und bei so einem Wetter hätten wir euch doch viel lieber knusprig warm!«

Und wir lachten alle los, als wäre das der tollste Witz, und noch bevor wir uns wieder einkriegten, waren wir schon aus dem Dorf hinaus und sogleich im freien Land und konnten meinen Garten mit dem Haus im Sonnenschein funkelnd weit hinter uns sehen; und vor uns lag der Wald mit seinen Kiefernalleen, die sich unendlich weit dahinstrecken, und bis zum Meer ging es fünfzehn Meilen. Es war ein Tag mit Rauhreif, und der Wald ein Zauberwald, der ins Feenland führte, und obwohl Irais und ich schon oft dort gewesen waren und immer seine Schönheit erlebt hatten, standen wir doch gestern da unter dem letzten Gewölbe der bereiften Bäume sprachlos vor Staunen über soviel Lieblichkeit. Die See war ein großes Stück zugefroren, und dahinter folgten ein tiefblauer Strich und eine Gruppe unbewegter orangener Segel; zu unseren Füßen ein schmaler Streifen blaßgelben Sands; rechts und links der glitzernde Wald; und wir selbst standen in einer Welt von diamantweißem Maßwerk. Die Stille eines ewigen Sonntags ruhte wie ein Segen auf dem Ort.

Minora brach das Schweigen, indem sie bemerkte, daß Dresden hübsch sei, dies hier es aber beinah übertreffe.

»Ich versteh nicht ganz«, sagte Irais mit leiser Stimme, als stünde sie an heiliger Stätte, »wie man die zwei vergleichen kann.«

»Allerdings, Dresden ist natürlich behaglicher«, erwiderte Minora, worauf wir uns abwandten und dachten, geben wir ihr zu essen, dann hält sie den Mund; darum gingen wir zum Schlitten zurück, ließen die Pferde ausspannen und ihnen Schutzdecken auflegen; und während sie in einer fernen Lichtung auf und ab geführt wurden, saßen wir im Schlitten und picknickten. Es *ist* ein schwerer Tag für die Pferde – fast dreißig Meilen hin und zurück und kein Stall dazwischen; aber wohlgenährt und verwöhnt wie sie sind, kann es ihnen nicht viel schaden, ab und zu die Härte des Lebens zu schmecken. Ich wärmte die Suppe in einem kleinen Öfchen für solche Gelegenheiten auf, was die Kälte der Sandwiches etwas erträglicher machte – dies ist das einzig Unangenehme an einem Winterpicknick: der klamme Proviant gerade dann, wenn man sich am meisten nach etwas Heißem sehnt. Minora ließ ihre Nase ganz vorsichtig aus ihrer Verpackung heraus, aß einen Bissen und bedeckte sie rasch wieder, vor Angst, der Frost könne sie zwicken; und der Wahrheit zuliebe muß ich anmerken, daß ihre Nase nicht übel ist, und bei jemand anderem sogar hübsch sein könnte; aber sie versteht es nicht, sie zu tragen, aber es gibt eine Kunst, die Nase in genau dem richtigen Winkel zu erheben, genau wie bei allen Dingen, und Nasen sollten wirklich nicht nur zum Schneuzen dasein.

Es ist das Allerschwierigste auf der Welt, Sandwiches zu essen, wenn man Unmengen von Pelz und Wollhandschuhe trägt, und ich glaube, wir haben beinah genauso viel Pelz geschluckt wie sonstwas und mußten dabei reichlich würgen. Minora wurde sichtlich wütend darüber und zog sich schließlich den Handschuh aus, um ihn schleunigst wieder anzuziehen.

»Furchtbar unangenehm«, bemerkte sie, nachdem sie wieder etliche Pelzhaare verschluckt hatte.

»Die werden sich innen um Ihre Tröte schmiegen und sie warmhalten«, sagte Irais.

»Tröte!« echote Minora, empört über solch einen gewöhnlichen Ausdruck.

»Leider kann ich Ihnen nicht helfen«, sagte ich, als sie immer noch würgte und spuckte. »Wir sitzen alle im selben Boot, und ich weiß nicht, wie man's ändern kann.«

»Es gibt doch, glaube ich, so etwas wie Gabeln«, kam es spitz von Minora.

»Stimmt«, sagte ich und war überwältigt davon, eine wie naheliegende Abhilfe Minora wußte; aber was nützen Gabeln in fünfzehn Meilen Entfernung? So mußte Minora weiter ihre Handschuhe essen.

Als wir fertig waren, stand die Sonne schon tief hinter den Bäumen, und die Wolken begannen zartrosa aufzuleuchten. Der alte Kutscher bekam Sandwiches und Suppe, und während er die Pferde mit der einen Hand hin und her führte und sein Vesperpaket in der anderen hielt, packten wir zusammen – vielmehr genau genommen packte ich, und die anderen schauten zu und gaben mir nützliche Ratschläge.

Dieser Kutscher namens Peter ist siebzig Jahre alt und auf dem Gut geboren, und er hat seine Bewohner fünfzig Jahre lang kutschiert, und ich hänge an ihm beinah so wie an der Sonnenuhr; tatsächlich wüßte ich nicht, was ich ohne ihn tun sollte, so gut scheint er meine Vorlieben und Wünsche zu verstehen und zu billigen. Keine Fahrt ist zu lang oder zu anstrengend für die Pferde, wenn ich es möchte, kein Ort unerreichbar, wenn es mich dorthin zieht, kein Wetter und keine Straße sind zu schlecht, um meine Ausfahrt zu verhindern, sollte mir danach zumute sein – auf alle meine Vorschläge reagiert er mit der heitersten Bereitwilligkeit, und alle Einwände des Grimmigen weist er zurück; der quittiert nämlich seinen Eifer, mir Vergnügen zu machen, damit, daß er ihn einen alten Esel nennt. An schönen Sommerabenden liebe ich es, spät und allein in die duftenden Wälder zu fahren, und wenn ich eine dunkle Stelle erreicht habe, halte ich an und sitze mucksmäuschenstill und lausche den Nachtigallen, wie sie immerzu ihre kleine Melodie nach glucksenden Intermezzi wiederholen; gibt es keine Nachtigallen, lausche ich der himmlischen Stille und lasse ihre Heilkraft tief in meine Seele dringen. Die Nachtigallen in den hiesigen Wäldern singen alle dieselbe Melodie und in derselben Tonart (Es-Dur):

Ich weiß nicht, ob alle Nachtigallen so schlagen oder ob es nur typisch für diese Gegend ist. Haben sie die Melodie einmal gesungen, räuspern sie sich ein wenig, zaudern und beginnen von vorn, und es ist das hübscheste Liedchen auf der Welt. Wie könnte ich ohne Peter meiner Leidenschaft für diese Fahrten mit ihren Pausen frönen? Er ist so vertraut damit, daß er jetzt schon unaufgefordert im richtigen Augenblick anhält, und er würde mich nach Wunsch auch die ganze Nacht fahren, wobei sein liebes altes Gesicht nichts anderes denn fröhliche Bereitschaft zeigen würde. Der Grimmige beklagt diese exzentrischen Neigungen, wie er sie nennt; aber er müht sich nicht mehr, ihnen entgegenzuarbeiten, denn während er noch im einen Teil des Hauses darüber jammert, bin ich aus der Tür eines anderen Teils entschlüpft und fort, bevor er mich erwischen kann, und längst im dunklen Wald und darin verschwunden, wenn er entdeckt, daß ich nicht aufzufinden bin.

Ein Fleck trübt allerdings den Glanz von Peters Fertigkeiten; er wird nämlich unmerklich alt und kann die Pferde nicht mehr zügeln, wenn sie widerspenstig sind, und außerdem schläft er zuweilen auf seinem Bock ein, wenn ich ihn zu früh nach dem Essen hole; er hat mich während des vergangenen Jahrs zweimal umkippen lassen – im vergangenen Winter einmal mit dem Schlitten und in diesem Sommer einmal mit dem Wagen, als die Pferde vor einem Fahrrad scheuten und in den Graben auf der einen Chausseeseite sprangen; das Fahrrad war seinerseits so erschrocken über die scheuenden Pferde, daß es ebenfalls scheute und im gegenüberliegenden Graben landete, und die Kutsche war demoliert und das Fahrrad und wir alle sehr unglücklich, nur Peter nicht, der nie sein freundliches Lächeln verlor und so sanftmütig dreinblickte, daß mir die Zunge am Gaumen klebenblieb, als ich ansetzte, ihn auszuschimpfen.

»Ich sollte doch meinen, bei dieser Gelegenheit hätte man ihn *gründlich* ausschimpfen müssen«, sagte Minora, der ich diese Geschichte erzählte, während die Pferde vor den Schlitten gespannt wurden und wir über den gelben Sandstrand spazierten; sie warf einen besorgten Blick zu Peter hin, dessen freundliches Gesicht zwischen den Büschen über uns sichtbar war. »Werden wir vor Dunkelheit zu Hause sein?« fragte sie.

Die Sonne war ganz hinter den Kiefern verschwunden, und nur die obersten Wölkchen leuchteten noch rosafarben; auf dem Meer draußen stiegen die Nebel langsam auf, und die Segel der Fischerboote waren mattbraun geworden; eine Schar Wildgänse flog laut schnatternd über die Mondscheibe.

»Vor Dunkelheit?« echote Irais. »Ich vermute nicht. Es ist schon fast finster im Wald, und zurück werden wir die wunderschönste Mondscheinfahrt haben.«

»Aber es ist doch sicher sehr gefährlich, einen Mann fahren zu lassen, der einschläft«, sagte Minora furchtsam.

»Aber er ist eine so gute alte Seele«, sagte ich.

»Ja, ja, zweifellos«, entgegnete sie gereizt, »es gibt aber auch wachsame gute alte Seelen, und auf dem Bock sind sie vorzuziehen.«

Irais lachte. »Sie werden richtig amüsant, Miss Minora«, sagte sie.

»Er sitzt heute nicht auf dem Bock«, sagte ich. »Und ich habe es nie erlebt, daß er hinter uns auf dem Schlitten stehend eingeschlafen ist.«

Doch Minora ließ sich nicht beruhigen und murmelte etwas wie: an Tollkühnheit könne sie nichts Lustiges finden, was zeigt, wie aufgeschreckt sie war, denn das war unverschämt.

Peter hingegen verhielt sich tadellos auf der Heimfahrt, und Irais und ich zumindest konnten nicht glücklicher sein mit all der Herrlichkeit des westlichen Himmels, die uns hier und da am Ende einer langen Allee beim Vorbeisausen entgegenleuchtete, und später, als sie verblaßt war, die unzähligen Sterne im schmalen Streifen schwarzen Himmels über uns. Es war bitterkalt, und Minora schwieg und war nicht im geringsten dazu aufgelegt, mit uns zu lachen, wie noch vor sechs Stunden.

»Hat es Ihnen gefallen, Miss Minora?« erkundigte sich Irais, als wir aus dem Wald auf die Chaussee kamen, und die Lichter unseres Nachbardorfes in der Ferne funkelten.

»Wieviel Grad sind es jetzt wohl?« lautete Minoras Antwort auf diese Frage.

»Grad? – Kälte? Oh je. Frieren Sie?« rief Irais besorgt aus.

»Nun, es ist nicht gerade warm, oder?« fragte Minora mürrisch zurück; und Irais zwickte mich. »Hm, stellen Sie sich doch nur mal vor, wieviel kälter es Ihnen gewesen wäre ohne all den Pelz, den Sie zum Lunch gegessen haben«, sagte sie.

»Und was für ein hübsches Kapitel Sie über die Ostsee

schreiben können«, sagte ich. »Ja, es ist so gut wie sicher, daß Sie die erste Engländerin sind, die je hierher gekommen ist.«

»Gibt es da nicht ein englisches Gedicht«, sagte Irais, »der erste möcht ich sein, der je sich stürzte...«

»In jene stille See«, vollendete Minora hastig. »Man kann nicht zusammenhanglos zitieren, wissen Sie.«

»Aber das hatte ich gar nicht vor«, sagte Irais sanft. »Ich wollte nur Atem holen. Ich muß atmen, sonst könnt ich den Geist aufgeben.«

Die Lichter im Schloß meiner tatkräftigen Bekannten schienen hell zu uns herab, als wir den Fuß der Anhöhe umfuhren, worauf es steht; sie ist mächtig stolz auf diesen Hügel, was sie wohl sein darf, da er sichtbar der einzige weit und breit ist.

»Kommen Sie nie dorthin?« fragte Minora und machte mit dem Kopf eine ruckartige Bewegung in Richtung Schloß.

»Manchmal. Sie ist sehr beschäftigt, und ich hätte das Gefühl, ich würde stören, wenn ich dort oft auftauchte.«

»Es wäre interessant, noch ein norddeutsches Haus von innen zu sehen«, sagte Minora. »Und ich wäre Ihnen dankbar, wenn Sie mich mitnähmen.«

»Ich kann aber nicht einfach mit einem fremden Mädchen bei ihr aufkreuzen«, protestierte ich. »Wir stehen keineswegs auf solch vertrautem Fuß, daß ich ihr ohne weiteres alle meine Gäste präsentieren könnte.«

»Und warum wollen Sie noch ein Interieur sehen?« fragte Irais. »Ich kann Ihnen sagen, wie es dort aussieht; und wenn Sie tatsächlich dort auftauchten, würde niemand mit Ihnen sprechen, und sollten Sie Fragen stellen und sich Notizen machen wollen, würde die gute Dame sie aufrichtig erstaunt anstarren und glauben, Elizabeth hätte ein armes verrücktes Ding mitgebracht, damit es mal an die Luft kommt. Nicht *jeder* ist so geduldig wie Elizabeth«, fügte Irais hinzu, begierig, eine alte Rechnung zu begleichen.

»Ich würde ja viel für Sie tun, Miss Minora«, sagte ich, »aber das kann ich nicht.«

»Wenn wir dorthin gingen«, sagte Irais, »würden Elizabeth und ich mit aller Förmlichkeit auf das Sofa plaziert hinter dem großen polierten, ovalen Tisch mit dem Häkeldeckchen in der Mitte – er *hat* doch ein Häkeldeckchen in der Mitte, nicht?« Ich nickte. »Und Sie säßen auf einem der vier weich gepolsterten, mit Knöpfen besetzten, rotquastigen Sesselchen, die auf der anderen Tischseite dem Sofa vis-à-vis angeordnet sind. Sie *sind* doch rot, Elizabeth?« Wieder nickte ich. »Die Dielen sind gelb gestrichen, und außer der Brücke vor dem Sofa gibt es keine Teppiche. Die Tapete ist von dunklem Schokoladenbraun, fast schwarz, damit sich nämlich auch nach Jahren kein Schmutz zeigt und das Zimmer nicht neu tapeziert werden muß. Mit Schmutz, müssen Sie wissen, Miss Minora, ist es wie mit der Sündhaftigkeit – daß es ihn gibt, macht überhaupt nichts, nur wenn er für jedermann sichtbar wird, schämen wir uns seiner. In regelmäßigen Abständen stehen vor den hohen Wänden Stühle und Kabinettschränkchen mit Lampen drauf, und in einer Ecke steht ein mächtiger weißer kalter Kachelofen – oder ist er aus Majolika?« fragte sie und wandte sich an mich.

»Nein, er ist weiß gekachelt.«

»Es gibt zahlreiche schöne große Fenster, nur zu bereit, Luft und Sonne hereinzulassen, aber sie sind sorgsam mit braunen Spitzengardinen und schweren Stoffvorhängen verhängt, als wäre direkt gegenüber eine ganze Häuserreihe mit neugierig spähenden Augen an jedem Fenster, statt bloß der Felder, Bäume und Vögel. Kein Feuer im Kamin, kein Sonnenlicht, keine Bücher, keine Blumen; nur der tröstliche Geruch von Rotkohl, der unter der Tür hochsteigt und sich bei Gelegenheit mit Seifenlaugenschwaden vermischt.«

»Wann waren Sie denn dort?« fragte Minora.

»Ja, wann war ich denn dort? Wann war ich *nicht* dort? Mein Leben lang habe ich dort Besuche gemacht.«

Aus tiefster Kopfvermummung verdrehten sich Minoras Augen skeptisch zuerst zu mir hin, danach zu Irais; es sind große Augen mit langen, dunklen Wimpern, und ich will es keineswegs abstreiten, daß jedes Auge für sich genommen schön ist, aber sie stehen ganz und gar falsch.

»Das einzige, was Sie dort lernen könnten«, fuhr Irais fort, »wäre die Bedeutung deutscher Sofaecken. Wenn wir drei gemeinsam dort erschienen, würde ich zur Sofaecke rechter Hand geführt werden, da dies der Ehrenplatz ist und ich die ranghöchste Fremde bin; Elizabeth würde aufgefordert, sich als zweitwichtigste Person in die Ecke linker Hand zu setzen; die Gastgeberin säße nicht weit von uns in einem Sessel; und Ihnen, die Sie hier von keinerlei Bedeutung sind, wäre es entweder ganz überlassen, wo Sie sich hinsetzten, oder man wiese Ihnen einen Sessel uns gegenüber zu, wobei die ganze Tischbreite zwischen uns die immense gesellschaftliche Kluft markierte, die die verheiratete Frau von der bloßen Jungfer trennt. Diese Sofaecken ermöglichen es, die feinsten Unterschiede zu machen, wie sie sonst nicht möglich sind. Die Welt könnte untergehen und würde dabei weniger Aufregung verursachen, als Sie es täten, Miss Minora, wenn Sie höchstversehentlich in die rechte Sofaecke gerieten. Daß Sie in einen Sessel auf der anderen Seite des Tisches genötigt werden, stuft Sie sogleich in der Rangordnung ein und bestimmt präzise Ihre gesellschaftliche Stellung, vielmehr Ihre eindeutige Nicht-Stellung.« Irais erhob die Nase ein winziges Stück himmelwärts. »Merken Sie sich das«, fügte sie hinzu, »als Überschrift für Ihr nächstes Kapitel.«

»Was sich merken?« fragte Minora ungeduldig.

»Nun ›Der subtile Sinn von Sofas‹ natürlich«, erwiderte Irais. »Falls Sie«, fuhr sie fort, als Minora nichts Anerkennendes auf diesen Vorschlag hin sagte, »einmal dort einen überraschenden Besuch machen würden, würde das Pech, das den Unschuldigen verfolgt, Sie höchstwahrscheinlich den Großwaschtag erwischen lassen, und die abgelenkte Hausherrin würde Sie, während sie sich umzöge, so lange in dem kalten Zimmer warten lassen, daß Sie allmählich Angst bekämen, man wolle Sie verhungern und verdursten lassen; und wenn sie dann erschiene, verriete die Bitterkeit ihres Begrüßungslächelns nur, wie sie vor Wut kochte.«

»Was hat denn die Hausherrin mit der Wäsche zu tun?«

»Was sie mit der Wäsche zu tun hat? Oh, Sie süße Unschuld – verzeihen Sie meine Vertraulichkeit, aber solche Unwissenheit über die Sitten auf dem Land ist sehr rührend bei jemandem, der darüber ein Buch schreibt.«

»Oh, ich bezweifle nicht, daß ich sehr unwissend bin«, sagte Minora hochnäsig.

»Großwaschzeiten«, erklärte Irais, »sind der Hausfrau ganz besondere, ihr heilige Zeiten. Es gibt sie nur alle zwei bis drei Monate, und solange sie dauern, ist das Haus ein einziges Durcheinander, weil nichts sonst zählt. Mann und Kinder sind ohne jede Bedeutung, und wer die Hausfrau anspricht oder ihr während dieser Lauge- und Läuterungstage in die Quere gerät, tut es auf eigene Gefahr.«

»Wollen Sie damit etwa behaupten«, sagte Minora, »daß Sie Ihre Wäsche nur viermal im Jahr waschen?«

»Genau das will ich sagen«, erwiderte Irais.

»Also das, muß ich sagen, finde ich ausgesprochen abscheulich«, sagte Minora emphatisch.

Irais hob die hübschen, zarten Augenbrauen. »Dann hüten Sie sich davor, einen Deutschen zu heiraten«, sagte sie.

»Was steckt denn hinter alledem?« fragte Minora weiter.

»Na, vermutlich Wäsche waschen.«

»Ja, ja doch, aber warum in derart langen Abständen?«

»Wäsche als solche bedeutet nach außen hin ein sichtbares Zeichen von großem Besitz. Ließe man die Wäsche jede Woche waschen, wie in England der Fall, hielte man Sie für jemand, der bloß soviel besitzt, daß es gerade für diese Zeitspanne ausreicht, und Sie wären ein Gegenstand allgemeiner Verachtung.«

»Immerhin wäre ich ein sauberer Gegenstand«, rief Minora aus, »und in meinem Haus würde sich nicht der Dreck anhäufen.«

Wir sagten nichts – es gab nichts zu sagen.

»Dieses Ihr England muß ein glückliches Land sein«, bemerkte Irais seufzend nach einer Weile – zweifellos entstand vor ihrem Auge die beseligende Vision eines Landes voller Wäscherinnen und hurtigen Gentlemen, die zur Tür hin stürzten.

»Wenigstens ist es ein *sauberes* Land«, antwortete Minora.

»*Ich* möchte nicht dort leben«, sagte ich – wir fuhren nämlich gerade vors Haus, und während ich zärtlich an seiner vertrauten alten Westfassade hochschaute, erinnerte ich mich an die Nebel und fühlte, daß es mein Herzenswunsch war, hier zu leben und zu sterben, und nie gab es eine glücklichere Frau als Elizabeth.

18. April. – Seit Irais und Minora fort sind, hatte ich ständig die Hände voll zu tun, so daß ich es kaum glauben kann, daß der Frühling da ist und der Garten eilends den grünen, geblümten Petticoat überstreift – vorerst nur den Petticoat, denn obschon das Unterholz ein Wunderland an zarten Blättchen ist, sind die Bäume darüber noch ganz nackt.

Der Februar war vorbei, ehe ich ihn überhaupt richtig wahrgenommen hatte, so sehr war ich damit beschäftigt, Frühbeete vorzubereiten und Petunien, Verbenen und Nicotiana affinis auszusäen; nicht weniger als dreißig Beete sind allein dem Gemüse vorbehalten, da es mir kürzlich aufgegangen ist, es müßte doch interessant sein, verschiedene Gemüse zu ziehen, das auch noch solide Tugenden hat, die den Blumen abgehen, und daß ich ebenfalls den Obst- und den Küchengarten unter meine Fittiche nehmen könnte. So habe ich mit dem

Eifer gänzlicher Unerfahrenheit während meiner Februarabende begierig die Gartenratgeber studiert und die Tage damit verbracht, die frisch erworbene Weisheit in die Tat umzusetzen. Wer behauptet, der Februar auf dem Lande sei trüb, trist und träge? Hier jedenfalls war er von der heitersten und hurtigsten Art, und seine milden Tage erlaubten mir, mit dem Umgraben und Düngen gut voranzukommen und meine Zimmer mit Schneeglöckchen zu füllen. Je länger ich lebe, desto größer werden mein Respekt vor und meine Zuneigung für Dünger jeglicher Art, und schon habe ich, obwohl das Jahr noch jung ist, einen beträchtlichen Teil des Gartenetats für Kunstdünger ausgegeben. Der Grimmige sagt, er habe noch nie eine junge Frau kennengelernt, die ihr Geld auf diese Weise ausgebe; ich bemerkte darauf, es müsse doch angenehm sein, eine originelle Frau zu haben, worauf er erwiderte, das Wort ›originell‹ treffe auf mich nicht zu, das gesuchte Wort sei vielmehr ›exzentrisch‹. Nun denn, vermutlich bin ich exzentrisch, wenn selbst mein Mann das meint; aber wenn meine Exzentrizität so aufs Praktische gerichtet ist, daß daraus später der größte Blumenkohl und der zarteste Kopfsalat in Preußen hervorgehen – sollte er dann nicht der erste sein, der seine Stimme erhebt und mich ›selig preist‹?

Ich habe mir aus England Kürbiskerne schicken lassen, da man Kürbis hier nicht anpflanzt; die Leute versuchen statt dessen, dies Gemüse durch gekochte Gurken zu ersetzen, aber gekochte Gurken sind etwas Grausiges, und ich verstehe nicht, warum der Kürbis hier nicht bestens gedeihen sollte. Der und die Primelsamen sind Englands Beitrag für meinen Garten. Ich habe die Samen in einem Schächtelchen vom letzten Besuch in England mitgebracht und bin doch neugierig, ob sie hier wachsen wollen. Sicher ist, daß sie im Vaterland nicht vorkommen, woraus ich nur schließen kann, daß der Winter sie umbringt, denn bestimmt hätte man so liebliche Pflanzen, wenn sie denn wachsen, niemals übersehen. Irais ist sehr an dem Experiment interessiert; sie liest viele englische Bücher und hat dabei viel von Primeln und Premierminister gehört, und nun ist Disraelis Lieblingsblume in ihrem Kopf immer mit höheren politischen Weihen verbunden, und sie will diese mysteriöse Politblume unbedingt sehen, und ich mußte versprechen, ihr sofort zu telegrafieren, wenn sie erscheint, um dann selbst vorbeizuschauen. Aber in diesem Jahr haben meine Primeln überhaupt nichts im Sinn, und ich hoffe nur, daß diese kalten Tage sie nicht ins Blumenparadies befördert haben. Ich fürchte, ihr erster Eindruck von Deutschland war ein frostiger.

Irais schreibt etwa einmal die Woche und erkundigt sich nach dem Garten und den Kleinen und bekundet ihre Absicht wiederzukommen, sobald die zahlreichen Verwandten, die bei ihr zu Besuch weilen, fort seien – »was nicht geschieht«, schrieb sie noch neulich, »bevor nicht die erste Kälte sie erstarren läßt, so daß sie wie verspätete Dahlien dahinschwinden – paarweise natürlich, denn einzelne Dahlien sind zu reizend, als daß man sie mit Verwandten vergleichen dürfte. Ich habe alle möglichen Kusinen, Onkels und Tanten hier, und seit dem Geburtstag meines Mannes sind sie ständig bei uns – nicht immer dieselben, aber ich bin allmählich so verwirrt, daß ich nie weiß, wann der eine Besuch zu Ende ist und der nächste beginnt. Mein Mann geht nach dem Frühstück fort, um, wie er sagt, nach seinem Getreide zu sehen, und ich bin ihnen ganz und gar ausgeliefert. Ich wünschte mir, ich hätte auch Getreidefelder, die ich mir anschauen könnte – ich wäre dankbar selbst für ein einziges Feld und würde es mir von morgens bis abends anschauen und es vor lauter Anstarren aus der Fassung bringen, lieber als daheim zu bleiben und mir von orakelnden Tanten die Wahrheit sagen lassen zu müssen. Kennen Sie meine Tante Bertha? Sie ganz besonders verbringt die Zeit damit, mir obskure Fragen vorzulegen, die ich lösen soll. Es ermüdet und plagt mich, die Antworten zu erraten, die immer allgemein anerkannte Weisheiten sind, mir zu Nutz und

Frommen. ›Warum trägst du das Haar in die Stirn?‹ fragte sie, und das bringt mich ins Grübeln, warum *tatsächlich* ich es in die Stirn trage und weshalb sie's wissen will oder ob sie's schon weiß und nur wissen möchte, ob ich eine ehrliche Antwort gebe. ›Glaub mir, Tante, ich weiß es nicht‹, sagte ich demütig nach all dem angestrengten Nachsinnen, ›vielleicht weiß es meine Jungfer. Soll ich sie rufen und befragen?‹ Und dann klärt sie mich auf, daß ich das Haar so trage, um, so sagt sie, eine häßliche Falte zu verbergen, die sich etwa in der Stirnmitte befindet und auf eine Neigung zu Lustlosigkeit und Unzufriedenheit hinweise. Da sie es denn weiß, warum mich dann noch fragen? Immer wenn ich mit den Tanten zusammen bin, stellen sie mir solche Rätsel und machen mir das Leben geradezu zu einem *Hundeleben.* Ach, meine Liebe, Verwandte sind wie Arzneimittel – manchmal nützlich und sogar wohltuend, nimmt man sie in kleiner Dosis und selten; aufs Ganze gesehen aber furchtbar schädlich, und die wahrhaft Weisen meiden sie.«

Von Minora habe ich seit ihrer Abreise nur einen Brief bekommen, worin sie mir für den angenehmen Aufenthalt hier dankte und mitteilte, daß sie mir eine Flasche mit einem englischen Einreibemittel zuschicken werde, damit ich meine blauen Flecke vom Schlittschuhlaufen behandeln könnte; es sei ein wunderbares Zeug und sie sei überzeugt, daß es mir zusagen werde, und es koste zwei Mark und ob ich ihr es in Briefmarken zahlen könne. Ich grübelte lange darüber. War es als Spitze zum Abschied gemeint, als Rache dafür, daß wir uns über sie lustig gemacht hatten? War sie persönlich am Erlös dieses Einreibemittels beteiligt? Oder war es bloß Minoras Vorstellung eines geziemenden Dankes für meine Gastfreundschaft? Was die blauen Flecke angeht, so betrachtet niemand, der passabel Schlittschuh fährt, dies als einen Prellungen produzierenden Sport, und wenn jemand blaue Flecke hatte, dann Minora; aber wie ich mich entsinne, wandte sie sich einmal zufällig um, als ich das erste und einzige Mal hinfiel, und ihr Entzücken war nur leicht bemäntelt hinter ihrer übertriebenen Anteilnahme und Besorgnis. Ich schickte ihr die Briefmarken, erhielt die Flasche und beschloß, Minora aus meinem Leben gehen zu lassen; ich war ihr auf die Bitte meiner Freundin hin eine gute Samariterin gewesen, doch selbst der barmherzigste Samariter verübelt es, wenn ihm zum Dank heilsames Öl zum Eigengebrauch angeboten wird.

Aber warum zu Ostern einen Gedanken an Minora verschwenden, wo das Jahr ungeachtet des Kalenders erst wahrhaft beginnt? Sie gehört dem Winter an, der vergangen, der Dunkelheit, die vorüber ist, und hat nicht das geringste mit *dem* Leben zu tun, das ich in den kommenden sechs Monaten führen werde. Ach, ich könnte vor Freude jauchzen und tanzen, daß der Frühling da ist! Dieses Wiedererwachen von Schönheit in meinem Garten und heller Zuversicht in meinem Herzen! Den strahlenden Osterfeiertag habe ich ganz im Freien verbracht, zuerst zwischen Anemonen und Scharbockskraut sitzend, später dann spazierte ich mit den Kleinen zum Hirschwald, um zu sehen, was der Frühling dort vollbracht hatte; und der Nachmittag war so warm, daß wir lange Zeit auf dem Gras lagerten und durch die kahlen Zweige der Sandbirken zu den weichen, prallen Wölkchen hinaufblinzelten, die fast regungslos im Blau dahinglitten. Wir tranken Tee auf der sonnigen Wiese, und als es spät wurde und die Kinder im Bett lagen und all die kleinen Anemonen sich für die Nacht zusammengefaltet hatten, wanderte ich noch auf den grünen Wegen umher, von Herzen dankbar und glücklich. Man wird ganz demütig, wenn man sich von solch einer Fülle von Schönheit und vollkommener Harmonie umgeben sieht, die einem großzügig von *Unbekannt* geschenkt wird, und wenn man an die unbeschreibliche Armseligkeit unserer eigenen widerwilligen Mildtätigkeit denkt und wie unzufrieden wir sind, wird sie nicht prompt und gebührend gewürdigt. Ich hoffe mit aller Zuversicht, daß ich mit der Zeit der immerwährenden Segnung, die von meinem Garten ausgeht, würdiger werde und zunehme an Huld und Geduld und an Fröhlichkeit, wie die glücklichen Blumen, die ich so sehr liebe.

Zu dieser Ausgabe

insel taschenbuch 2206: Elizabeth von Arnim, Elizabeth und ihr Garten. Originaltitel: Elizabeth and her German Garden. Erstveröffentlichung: 1898 anonym. Der vorliegende Text folgt der Ausgabe: Elizabeth von Arnim, Elizabeth und ihr Garten. Roman. Aus dem Englischen von Adelheid Dormagen. Insel Verlag Frankfurt am Main 1987. Er ist text- und seitenidentisch mit dem 1990 erstmals erschienenen insel taschenbuch 1293. Umschlagfoto: Andrew Lawson.

Elizabeth von Arnim
im Insel Verlag

Alle meine Hunde. Aus dem Englischen von Karin von Schab. it 1502
April, May und June. Aus dem Englischen von Angelika Beck. Mit einem Nachwort von Kirsten Jüngling und Brigitte Roßbeck. it 1722
Ein Chalet in den Bergen. Roman. Aus dem Englischen von Angelika Beck. Leinen
Einsamer Sommer. Roman. Aus dem Englischen von Leonore Schwartz. Leinen
Elizabeth auf Rügen. Roman. Aus dem Englischen von Anna Marie von Welck. Leinen
Elizabeth und ihr Garten. Roman. Aus dem Englischen von Adelheid Dormagen. Leinen, it 1293 und Großdruck. it 2338
Der Garten der Kindheit. Aus dem Englischen von Leonore Schwartz. BS 1184 und Großdruck. it 2361
In ein fernes Land. Roman. Aus dem Englischen von Angelika Beck. Leinen und it 1927
Jasminhof. Roman. Aus dem Englischen von Helga Herborth. it 1677
Liebe. Roman. Aus dem Englischen von Angelika Beck. it 1591
Priscilla auf Reisen. Roman. Aus dem Englischen von Schamma Schahadat. Leinen
Die Reisegesellschaft. Roman. Aus dem Englischen von Angelika Beck. Leinen und it 1763
Sallys Glück. Roman. Aus dem Englischen von Schamma Schahadat. it 1764
Vater. Roman. Aus dem Englischen von Anna Marie von Welck. it 1544
Vera. Roman. Aus dem Englischen von Angelika Beck. Leinen und it 1808
Verzauberte Gärten. Vier Bände im Schmuckschuber. Gebunden
Verzauberter April. Roman. Aus dem Englischen von Adelheid Dormagen. Leinen und Großdruck. it 2346
Verzauberter April. Roman. Aus dem Englischen von Adelheid Dormagen. Mit Fotos aus dem gleichnamigen Film. it 1538

Zu Elizabeth von Arnim

Kirsten Jüngling / Brigitte Roßbeck: Elizabeth von Arnim. Biographie. Mit zahlreichen Abbildungen. it 1840

86/1/10.96

Englische und amerikanische Literatur im insel taschenbuch

Elizabeth von Arnim: Alle meine Hunde. Aus dem Englischen von Karin von Schab. it 1502
– April, May und June. Aus dem Englischen von Angelika Beck. Mit einem Nachwort von Kirsten Jüngling und Brigitte Roßbeck. it 1722
– Elizabeth und ihr Garten. Aus dem Englischen von Adelheid Dormagen. it 1293 und Großdruck. it 2338
– Der Garten der Kindheit. Aus dem Englischen übersetzt von Leonore Schwartz. Großdruck. it 2361
– In ein fernes Land. Roman. Aus dem Englischen von Angelika Beck. it 1927
– Jasminhof. Roman. Aus dem Englischen von Helga Herborth. it 1677
– Liebe. Roman. Aus dem Englischen von Angelika Beck. Deutsche Erstausgabe. it 1591
– Die Reisegesellschaft. Roman. Aus dem Englischen von Angelika Beck. it 1763
– Sallys Glück. Roman. Aus dem Englischen von Schamma Schahadat. it 1764
– Vater. Roman. Aus dem Englischen von Anna Marie von Welck. Neuübersetzung. it 1544
– Vera. Roman. Aus dem Englischen von Angelika Beck. it 1808
– Verzauberter April. Roman. Aus dem Englischen von Adelheid Dormagen. Mit Fotos aus dem gleichnamigen Film. it 1538
– Verzauberter April. Roman. Aus dem Englischen von Adelheid Dormagen. Großdruck. it 2346

Jane Austen: Die Abtei von Northanger. Aus dem Englischen von Margarete Rauchenberger. Mit Illustrationen von Hugh Thomson. it 931
– Anne Elliot. Aus dem Englischen von Margarete Rauchenberger. Mit Illustrationen von Hugh Thomson. it 1062
– Emma. Aus dem Englischen von Charlotte Gräfin von Klinckowstroem. Mit Illustrationen von Hugh Thomson. it 511
– Die großen Romane. Mit den Illustrationen von Hugh Thomson. Sieben Bände in Kassette. it 511, it 787, it 931, it 1062, it 1192, it 1503 und it 1615
– Lady Susan. Ein Roman in Briefen. Aus dem Englischen von Angelika Beck. Mit zwei Romanfragmenten: Die Watsons. Sanditon. Aus dem Englischen von Elizabeth Gilbert. it 1192
– Mansfield Park. Aus dem Englischen von Angelika Beck. Mit Illustrationen von Hugh Thomson. it 1503
– Stolz und Vorurteil. Aus dem Englischen von Margarete Rauchenberger. Mit Illustrationen von Hugh Thomson und mit einem Essay von Norbert Kohl. it 787

153/1/12.96

Englische und amerikanische Literatur im insel taschenbuch

Jane Austen: Verstand und Gefühl. Roman. Aus dem Englischen von Angelika Beck. Mit Illustrationen von Hugh Thomson. it 1615

Francis Bacon: Essays. Herausgegeben und mit einem Nachwort versehen von Helmut Winter. it 1514

Harriet Beecher-Stowe: Onkel Toms Hütte. In der Bearbeitung einer alten Übersetzung. Herausgegeben und mit einem Nachwort versehen von Wieland Herzfelde. Mit 27 Holzschnitten von George Cruikshank aus der englischen Ausgabe von 1852. it 272

Ambrose Bierce: Aus dem Wörterbuch des Teufels. Auswahl, Übersetzung und Nachwort von Dieter E. Zimmer. it 440

– Mein Lieblingsmord. Erzählungen. Mit einem Nachwort von Edouard Roditi. Aus dem Amerikanischen von Gisela Günther. it 39

Anne Brontë: Agnes Grey. Aus dem Englischen von Elisabeth von Arx. it 1093

– Die Herrin von Wildfell Hall. Roman. Aus dem Englischen neu übersetzt von Angelika Beck. it 1547

Charlotte Brontë: Jane Eyre. Eine Autobiographie. Aus dem Englischen von Helmut Kossodo. Mit einem Essay und einer Bibliographie herausgegeben von Norbert Kohl. it 813

– Der Professor. Aus dem Englischen von Gottfried Röckelein. it 1354

– Shirley. Aus dem Englischen von Johannes Reiher und Horst Wolf. it 1145

– Über die Liebe. Herausgegeben von Elsemarie Maletzke. Übertragen von Eva Groepler und Hans J. Schütz. it 1249

– Villette. Roman. Aus dem Englischen von Christiane Agricola. it 1447

Emily Brontë: Die Sturmhöhe. Aus dem Englischen von Grete Rambach. it 141 und Großdruck. it 2348

Edward George Bulwer-Lytton: Die letzten Tage von Pompeji. Aus dem Englischen von Friedrich Notter. it 801

Lewis Carroll: Alice hinter den Spiegeln. Mit einundfünfzig Illustrationen von John Tenniel. Übersetzt von Christian Enzensberger. it 97

– Alice im Wunderland. Mit zweiundvierzig Illustrationen von John Tenniel. Übersetzt und mit einem Nachwort von Christian Enzensberger. it 42

– Briefe an kleine Mädchen. Aus dem Englischen übersetzt und herausgegeben von Klaus Reichert. Mit Fotografien des Autors. it 1554

Geoffrey Chaucer: Die Canterbury-Erzählungen. Vollständige Ausgabe. Aus dem Englischen übertragen und herausgegeben von Martin Lehnert. Mit Illustrationen von Edward Burne-Jones. it 1006

153/2/12.96

Englische und amerikanische Literatur im insel taschenbuch

Gilbert Keith Chesterton: Alle Pater-Brown-Geschichten. 2 Bände in Kassette. it 1263/1149

– Die schönsten Pater-Brown-Geschichten. it 2332

Joseph Conrad: Herz der Finsternis. Erzählung. Aus dem Englischen von Reinhold Batberger. it 1730

James Fenimore Cooper: Der letzte Mohikaner. Vollständige Ausgabe. Mit Illustrationen von O. C. Darley und einer Nachbemerkung von Peter Härtling. it 1773

Daniel Defoe: Glück und Unglück der berühmten Moll Flanders, die, im Zuchthaus Newgate geboren, nach vollendeter Kindheit noch sechzig wertvolle Jahre durchlebte, zwölf Jahre Dirne war, fünfmal heiratete, darunter ihren Bruder, zwölf Jahre lang stahl, acht Jahre deportierte Verbrecherin in Virginien war, schließlich reich wurde, ehrbar lebte und reuig verstarb. Beschrieben nach ihren eigenen Erinnerungen. Deutsch von Martha Erler. Mit Illustrationen von William Hogarth und einem Essay von Norbert Kohl. it 707

– Robinson Crusoe. Mit Illustrationen von Ludwig Richter. In der Übersetzung von Hannelore Novak. it 41

Charles Dickens: Bleak House. Aus dem Englischen von Richard Zoozmann. Mit Illustrationen von Phiz. it 1110

– David Copperfield. Mit Illustrationen von Phiz. it 468

– Eine Geschichte aus zwei Städten. Mit Illustrationen von Phiz. it 1033

– Große Erwartungen. Aus dem Englischen von Margit Meyer. Mit Illustrationen von F. W. Pailthorpe. it 667

– Harte Zeiten. Aus dem Englischen von Paul Heichen. Mit Illustrationen von F. Walker und Maurice Greiffenhagen. it 955

– Nikolaus Nickleby. Mit Illustrationen von Phiz. it 1304

– Oliver Twist. Aus dem Englischen von Reinhard Kilbel. Mit einem Nachwort von Rudolf Marx und 24 Illustrationen von George Cruikshank. it 242

– Die Pickwickier. Mit Illustrationen von Robert Seymour, Robert William Buss und Phiz. it 896

– Weihnachtserzählungen. Mit Illustrationen von Leech, Stanfiels, Stone u. a. it 358

Henry Fielding: Tom Jones. Die Geschichte eines Findelkindes. 2 Bde. Mit Illustrationen von Gravelot und Moreau le jeune. Herausgegeben und mit einem Nachwort von Norbert Kohl. it 504

Penelope Fitzgerald: Frühlingsanfang. Roman. Aus dem Englischen von Christa Krüger. it 1693

153/3/12.96

Englische und amerikanische Literatur im insel taschenbuch

James Joyce: Die Katze und der Teufel. Deutsche Übertragung von Fritz Senn. Farbig illustriert von Roger Blachon. Mit einem Vorwort von Stephen J. Joyce. it 1610

D. H. Lawrence: Liebesgeschichten. Aus dem Englischen von Heide Steiner. it 1678

Edward Lears kompletter Nonsens. Limericks, Lieder, Balladen und Geschichten. Ins Deutsche geschmuggelt von Hans Magnus Enzensberger. Mit Illustrationen von Edward Lear. it 1119

Matthew Gregory Lewis: Der Mönch. Aus dem Englischen von Friedrich Polakovics. Mit einem Essay und einer Bibliographie von Norbert Kohl. it 907

Lord Byron. Ein Lesebuch mit Texten, Bildern und Dokumenten. Herausgegeben von Gert Ueding. it 1051

Katherine Mansfield: Das Gartenfest und andere Erzählungen. Aus dem Englischen von Heide Steiner. it 1724

– Über die Liebe. Herausgegeben von Ida Schöffling. it 1703

Herman Melville: Moby Dick. 2 Bde. Aus dem Amerikanischen von Alice und Hans Seiffert. Mit Zeichnungen von Rockwell Kent und einem Nachwort von Rudolf Sühnel. it 233

James Morier: Die Abenteuer des Hadji Baba. Ein orientalischer Abenteuerroman. Herausgegeben von Hermann Rosenau. it 1731

Samuel Pepys: Das geheime Tagebuch. Herausgegeben von Anselm Schlösser und übertragen von Jutta Schlösser. Mit Abbildungen. it 637

Edgar Allan Poe: Sämtliche Erzählungen in vier Bänden. In Kassette. Herausgegeben von Günter Gensch. (Die Bände sind auch einzeln erhältlich)

- – Band 1: Der Teufel im Glockenturm und andere Erzählungen. Aus dem Amerikanischen von Barbara Cramer-Nauhaus und Erika Gröger. it 1528
- – Band 2: Die Morde in der Rue Morgue und andere Erzählungen. Aus dem Amerikanischen von Barbara Cramer-Nauhaus, Erika Gröger und Heide Steiner. it 1529
- – Band 3: Streitgespräch mit einer Mumie und andere Erzählungen. Aus dem Amerikanischen von Heide Steiner. it 1530
- – Band 4: Das Tagebuch des Julius Rodman und andere Erzählungen. Aus dem Amerikanischen von Erika Gröger u.a. it 1531 (nicht einzeln)

Edgar Allan Poe: Der Bericht des A. Gordon Pym. Erzählungen. Übertragen von Barbara Cramer-Nauhaus, Erika Gröger und Heide Steiner. it 1449

153/4/12.96

Englische und amerikanische Literatur im insel taschenbuch

Edgar Allan Poe: Das Geheimnis der Marie Rogêt und andere Erzählungen. Aus dem Amerikanischen von Werner Beyer, Felix Friedrich und anderen. it 783

– Grube und Pendel. Und andere Erzählungen. Mit einem Nachwort von Franz Rottensteiner und Illustrationen von Harry Clarke. Aus dem Amerikanischen von Günther Steinig. ›Grube und Pendel‹ wurde von Elisabeth Seidel übersetzt. it 362

– Grube und Pendel. Schaurige Erzählungen. Aus dem Amerikanischen von Erika Gröger. Großdruck. it 2351

– Der Untergang des Hauses Usher. Meistererzählungen. Aus dem Amerikanischen von Barbara Cramer-Nauhaus, Erika Gröger und Heide Steiner. it 1373

Gwen Raverat: Eine Kindheit in Cambridge. Roman. Aus dem Englischen übertragen von Leonore Schwartz. it 1592

Walter Scott: Ivanhoe. Roman. Deutsch von Leonhard Tafel. Textrevision und Nachwort von Paul Ernst. it 751

Charles Sealsfield: Das Kajütenbuch oder Nationale Charakteristiken. Herausgegeben von Alexander Ritter. it 1163

William Shakespeare: Hamlet. Prinz von Dänemark. Aus dem Englischen von August Wilhelm von Schlegel. Durchgesehen von Levin L. Schücking. Mit Illustrationen von Eugène Delacroix. Herausgegeben und mit einem Essay versehen von Norbert Kohl. it 364

– Romeo und Julia. Aus dem Englischen von Thomas Brasch. it 1383

– Die Tragödie des Macbeth. Aus dem Englischen von Thomas Brasch. it 1440

– Was ihr wollt. Aus dem Englischen von Thomas Brasch. it 1205

– Wie es euch gefällt. Übersetzt und bearbeitet von Thomas Brasch. it 1509

Mary W. Shelley: Frankenstein oder Der moderne Prometheus. Aus dem Englischen von Karl Bruno Leder und Gerd Leetz. Mit Fotos aus *Frankenstein*-Filmen und einem Essay und einer Bibliographie von Norbert Kohl. it 1030

Laurence Sterne: Leben und Meinungen von Tristram Shandy Gentleman. In der Übersetzung von Adolf Friedrich Seubert. Durchgesehen und revidiert von Hans J. Schütz. Mit einem Essay und einer Bibliographie von Norbert Kohl. Illustrationen von George Cruikshank. it 621

Robert Louis Stevenson: Die Schatzinsel. Aus dem Englischen von Karl Lerbs. Mit Illustrationen von Georges Roux. it 65

153/5/12.96

Englische und amerikanische Literatur im insel taschenbuch

Robert Louis Stevenson / Lloyd Osbourne: Die falsche Kiste. Roman. Aus dem Englischen von Annemarie und Roland U. Pestalozzi. Mit einem Nachwort von Norbert Miller. it 1605

Bram Stoker: Dracula. Aus dem Englischen von Karl Bruno Leder. it 1086

– Im Haus des Grafen Dracula. Erzählungen. Aus dem Englischen von Burkhart Kroeber, Michael Krüger, Norbert Miller, Friedrich Polakovics und Wilfried Sczepan. it 1522

Jonathan Swift: Betrachtungen über einen Besenstiel. Ein Lesebuch zum 250. Todestag. Mit einem Essay von Martin Walser. Zusammengestellt von Norbert Kohl. it 1767

– Gullivers Reisen. Mit Illustrationen von Grandville und einem Vorwort von Hermann Hesse. Aus dem Englischen übersetzt von Franz Kottenkamp. Vervollständigt und bearbeitet von Roland Arnold. it 58

William Makepeace Thackeray: Jahrmarkt der Eitelkeit. Ein Roman ohne Held. 2 Bde. Mit Illustrationen von Thackeray. Herausgegeben und mit einem Nachwort von Norbert Kohl. Dem deutschen Text wurde eine Übertragung aus dem Nachlaß von H. Röhl zugrunde gelegt. it 485

Mark Twain: Mark Twains Abenteuer. Herausgegeben von Norbert Kohl. it 1891-1895

– Tom Sawyers Abenteuer. Aus dem Englischen von Karl Heinz Berger. it 1891

– Huckleberry Finns Abenteuer. Aus dem Englischen von Barbara Cramer-Nauhaus. it 1892

– Ein Yankee am Hofe des Königs Artus. Aus dem Englischen von Maja Ueberle. it 1893

– Die Arglosen im Ausland. Aus dem Englischen von Ana Maria Brock. it 1894

– Bummel durch Europa. Aus dem Englischen von Gustav Adolf Himmel. it 1895

– Reisen ums Mittelmeer. Vergnügliche Geschichten. Ausgewählt von Norbert Kohl. it 1799

H. G. Wells: Mr. Polly steigt aus. Roman. Aus dem Englischen von Günther Blaicher. it 1780

– Wie wird man Millionär? Aus dem Englischen von Johann Wagner. it 1716

153/6/12.96